W0064282

Günther Willen

Das große Buch der kleinen Männer

Lappan

Dem kleinen Mann von der Straße gewidmet.

Inhalt

Zum Geleit 6

Grundsätzliches 9

Tipps von Typberatern 15

Wissenschaftliche Erkenntnisse 16

Coole Berufe für kleine Männer
– mit berühmten Beispielen 22

- Kaiser, Könige & Konsorten 22
- Diktatoren & Bösewichtel 29
- Helden & Heilige 32
- Politiker & Bonzen 37
- Stars & Sternchen 43
- Musiker & Komponisten 51
- Sportskanonen & Fußballer 59
- Komiker & Käuze 67
- Maler & Prahler 73
- Dichter & Denker 74

Kleine Männer in der Literatur 78

Kleine Männer & große Frauen 102

Kleine & große Tiere 108

Durch die heitere Lupe gesehen 109

Von A bis Z – Lexikon der wichtigsten
kleinen Männer 116

SPEZIAL: Kleine Männer auf einen Blick 200

Literaturverzeichnis 205

„Sayako saß auf dem Rücksitz der Limousine und betrachtete London und seine Menschen. (...) Sie hielt sich die Hand vor den Mund und lachte. Und was für Körper! Riesig groß! Es war doch nicht notwendig, so groß zu sein, oder? Ihr Vater war ein kleiner Mann, und er war Kaiser."
Sue Townsend

Zum Geleit

Ja, wie soll man das hier erklären? Der Anstoß zum Schreiben dieses Buches kam vor allem durch eine erstaunliche Entdeckung bei der jahrelangen Zeitungslektüre: dass kleine Männer immer mit Körpergröße genannt werden – große Männer hingegen nie. Das gab mir zu denken. Ach ja, ich bin 1,89 m groß und habe mich gefragt: Warum bekommen die kleinen Männer eine Extrawurst? Hier einige Fundstellen, die das Problem illustrieren sollen: „Joaquin Guzmán misst nur 1,55 m, geht angeblich nie ohne sein goldenes Gewehr schlafen und gilt als mächtigster Drogenhändler und meistgesuchter Verbrecher der Welt. Doch der Boss des mexikanischen Sinaloa-Kartells ist nicht zu fassen." (*Spiegel Online* vom 19.1.2012). „Nicolas Sarkozy. Gerade einmal 1,65 m groß, stellt sich bei Gipfeltreffen gern auf Zehenspitzen." (*FAZ*). „Spielmacher David Holston von den Artland Dragons misst nur 1,67 m – und ist damit der kleinste Bundesliga-Spieler. Seine Leistung sticht jedoch heraus." (*Welt*). Oder hier: „Formel-1-Boss Bernie Ecclestone, dessen Vermögen auf fast drei Milliarden Euro geschätzt wird, verschwindet mit seinen 1,60 m fast neben seiner Frau Slavica" (*Bild*). Die übrigens 1,88 m groß und inzwischen von ihm geschieden ist. Große Größen werden dagegen einfach ignoriert. Nie liest man in der Zeitung oder im Videotext: „Als keiner mehr so recht dran glauben mochte, packte der 1,82 m große Lukas Podolski seine linke Klebe aus und erzielte aus 20 Metern den umjubelten Ausgleich!" Völlig ausgeschlossen die Topmeldung: „Der 1,89 m große Sean Connery hat Husten, und es ist ungewiss, ob er zur Oscar-Verleihung nach Los Angeles reisen kann." Undenkbar auch: „Thomas Gottschalk misst 1,92 m und hat die Haare schön." Nein, auf solche Meldungen kann man warten bis man schwarz wird. Die magische Grenze liegt bei 1,73 m. Ich habe keine Ahnung, warum die Messlatte so niedrig hängt. Das ist eben so.

Kurz und gut: Ich habe neidisch den Höhenflug der kleinen Männer beobachtet und wollte wissen, warum sie in Zeitungen oder Klatschblättern immer mit Körpergröße genannt werden, dabei nützt die Nennung der Körpergröße dem Leser gar nichts. Oder vielleicht doch? Schwierige Sache, das.

Seit 1987 habe ich stetig und mit wachsender Begeisterung Zeitungsmeldungen und Wissenswertes über kleine Männer gesammelt, immer von der Hoffnung getrieben, endlich hinter das große Geheimnis zu kommen. Was haben die, was größere Männer nicht haben? Und was soll ich sagen: Kleine Männer haben das gewisse Etwas. Sie sind nicht nur außergewöhnlich, sondern auch oho. Wir werden später sehen, warum.

Im längst verblichenen Satire-Magazin *Kowalski* habe ich erstmalig versucht, eine Lanze für den kleinen Mann zu brechen. Unter dem Titel „Hände weg vom kleinen Mann" erschien im September-Heft 1992 eine erste Annäherung an das hochspannende Thema, das mich viele Jahre lang Tag für Tag beschäftigt hat. Das vorliegende Buch präsentiert nun die Ergebnisse aus fast 25 Jahren Sammeln und Sichten. Das hat zudem den Nebeneffekt, dass ich die kleinen Quälgeister endlich los bin.

Um keine Missverständnisse aufkommen zu lassen: Dieses Buch versteht sich einerseits als eine Anleitung, die Faszination der kleinen Männer zu begreifen und ist zugleich eine Hommage an alle, die kleiner als 1,73 m sind. Andererseits ist der Zweck dieses Buches auch eine kleine Gebrauchsanleitung für das Leben im Großen und Ganzen. Na ja.

In einigen Fällen war es allerdings schwierig, die genaue Körpergröße in Erfahrung zu bringen. Denn es gehört sich einfach nicht, einen Mann nach seiner Größe zu fragen. Alle Angaben sind daher ohne Gewähr.

Auch erhebt das Buch keinen Anspruch auf Vollständigkeit.

Dies kurz, in Kürze mehr.

Klein Scharrel/Oldenburg, im Mai 2012
Günther Willen

Grundsätzliches

Beter kleen un kregel
as'n groten Flegel.
(Plattdeutscher Schnack)

In der Sprache fällt es auf: Riesig ist besser als klein oder mickrig, großartig ist viel besser als kleinkariert, ein großer Schein ist mehr wert als Kleingeld, eine Großraumlimousine hat mehr Platz als ein Kleinwagen, Groß Scharrel hat mehr Einwohner als Klein Scharrel, ein großzügiger Großaktionär aus dem Großherzogtum Groß-Lauenburg ist beliebter als ein kleinlicher Kleingärtner aus Kleinkleckersdorf, ein Großverdiener ist cooler als ein Kleinstverdiener und kleine Fische sind im Gegensatz zu großen Fischen unbedeutend und nicht der Rede wert. Andererseits ist ein Großmaul angesagter als ein Giftzwerg, während klein beigeben nicht so spannend ist wie auf großem Fuße leben. Und so weiter.

Die Botschaft ist: Immer auf die Kleinen.

Deshalb wurde es höchste Zeit für „Das große Buch der kleinen Männer". Und wem ist es gewidmet? Na, wem wohl? Einmal dürfen Sie raten. – Dem kleinen Mann von der Straße natürlich. Eben!

Umgangssprachlich steht die Bezeichnung „der kleine Mann" für einen durchschnittlichen, unauffälligen und nicht aus der Masse herausragenden Menschen ohne besondere Eigenschaften, der gerne von Meinungsforschern auf der Straße angequatscht wird. Hoffentlich nicht so:

Kosenamen

Kleiner	Mini	Stöpsel
Knirps	Fimpen	Tapsi
Kurzer	Litti	Frodo
Shorty	Speedy	Chico

Dazu erst einmal ein paar nüchterne Fakten: Der deutsche Durchschnittsmann ist laut Statistik 1,78 m groß. Rund 25 Prozent der deutschen Männer sind kleiner als 1,70 m und halten die Welt in Atem. Erdbebenforscher haben errechnet, wenn alle kleinen Männer gleichzeitig von einem Stuhl springen würden, dann gäbe es ein Erdbeben, und nichts wäre mehr wie früher. Das ist kein sehr schöner Gedanke. Deshalb unser Appell an alle: Seid nett zueinander. Die Medien gehen mit gutem Beispiel voran:

Umschreibungen in den Medien

mittelgroß
untersetzt
beileibe kein Hüne
nicht sehr groß
stämmig
halbe Portion
zierlich
nicht auffallend groß

Dabei können sich große Männer durchaus eine Scheibe von den kleinen Männern abschneiden. Die Sache verhält sich so: Kleine Männer haben mehr Power, mehr Sex, mehr Energie, mehr Ehrgeiz, mehr Eloquenz. Dazu später mehr. Als kleinwüchsig gilt auf der ganzen Welt, wer unter 1,40 m ist (Frauen) bzw. 1,50 m (Männer). Pygmäen werden übrigens nicht größer als 1,55 m.

Scherzhafte Bezeichnungen

Bonsai
Nabelküsser
abgebrochener Riese
Türstopper
Wichtel
Bodenfurz
Kampffussel
Dreikäsehoch
Spaghettisultan

Kleine Männer haben es nicht immer leicht im Alltag und müssen von klein auf mehr kämpfen. Schon als Kinder begreifen die Kleinen, dass sie mehr draufhaben müssen als die Großen, wenn sie etwas erreichen wollen, so der Psychologe Arndt Stein (1,68 m) in *Bild am Sonntag*. Also spornt die Körpergröße kleine Männer immer wieder zu großen Taten an. Laut Umfragen sind Geltungssucht, Machtbewusstsein und ein alles überstrahlender Ehrgeiz die herausragenden Qualitäten von kleinen Männern. Die Folgen sind: Auf fast allen Gebieten wachsen sie über sich hinaus. Im Klartext: „Wir sind ehrgeizig und strengen uns mehr an", so Wigald Boning (1,68 m). Und das bedeutet auch: Kleine Männer machen viel Wind um ihr kurzes Hemd.

Es ist eine allgemein bekannte Tatsache, dass Norddeutsche im Schnitt zwei Zentimeter größer als Süddeutsche sind. Für Europa gilt: Männer in Nordeuropa sind im Schnitt 1,81 m groß, die Männer in Südeuropa bringen es nur auf 1,71 m. Eine Laune der Natur? Womöglich liegt das an der Sonneneinstrahlung – wie beim Löwenzahn auf der Wiese. Je weniger Licht er bekommt, desto mehr muss er sich der Sonne entgegen recken. „Siehst du einen Riesen, so prüfe den Stand der Sonne

Vorteile

Im Hotel hängt der Spiegel nicht zu tief

Man passt in einen Ferrari rein und kann damit fahren

Man wird später nass, wenn es regnet

Man muss sich nicht so tief bücken, wenn etwas runterfällt

Die Arbeitsplatte in der Küche hat die ideale Höhe

Bei Gruppenfotos muss man nicht hinten stehen

Man stößt sich in der Tiefgarage nicht den Kopf an der Sprenkleranlage

Als Fußballspieler ist man näher am Ball

Im Flugzeug hat man immer genug Beinfreiheit

Bei der Bundeswehr muss man nie ganz vorne marschieren

und gib acht, ob es nicht der Schatten eines Zwerges ist", weiß zum Beispiel Friedrich Nietzsche. Und Karl Kraus ergänzt: „Wenn die Sonne der Kultur niedrig steht, werfen selbst Zwerge einen Schatten." Einen weiteren Aspekt greift der Kieler Industrieanthropologe Hans W. Jürgens auf: Wenn die Menschen immer größer werden, muss alles den veränderten Körpergrößen angepasst werden – Möbel, Kleidung, Autos. Um Himmels Willen, bloß nicht! Kleine Männer haben jetzt schon genug mit den alltäglichen Herausforderungen zu kämpfen. Oder anders ausgedrückt: Bitte helfen Sie mir nicht, es ist schon alleine schwer genug.

Nachteile

Man hat Probleme, passende Klamotten zu finden

Wenn man mit mehreren Leuten im Auto unterwegs ist, muss man immer hinten sitzen

Man kommt gelegentlich nicht in Kinofilme für Erwachsene

Man kann nicht problemlos über Zäune steigen

Man riecht seine schmutzigen Socken so schnell

Man muss ein Zimmer manchmal zweimal betreten, bevor man gesehen wird

Wenn man Haarausfall und bereits lichte Stellen hat, sieht das jeder

Unter der Sonnenbank kann man sich die Füße verbrennen

Man kann das oberste Fach im Schrank nicht benutzen

Aber allen Unkenrufen zum Trotz stehen kleine Männer stark da. Wo die kleinen Männer sind, da ist oben. Daher klipp und klar: Kleine Männer braucht das Land.

Zum Schluss noch eine schlechte Nachricht: Die Körpergröße ändert sich im Laufe des Tages.

Grundsätzlich gilt: Abends sind wir zwei bis drei Zentimeter kleiner als morgens.

Und im Alter schrumpft man sowieso und wird so klein mit Hut, daran gibt es nichts zu rütteln. Es ist wissenschaftlich erwiesen, dass sich die Körpergröße im Alter um fünf bis sieben Zentimeter verringert. Ursache sind Verschleißerscheinungen der Wirbelsäule. Unsere Bandscheiben verlieren an Flüssigkeit und damit an Elastizität. Auch Osteoporose, also Knochenschwund, ist ein Grund fürs Schrumpfen im Alter. An dieser Stelle brechen wir ab, das Thema ist durch.

Tipps von

Typberatern

- Helle Hemden und Hosen in dunklen Farben tragen (macht größer)
- Pullover immer über der Hose tragen
- Uni-Farben tragen (Muster machen kleiner)
- Schuhe mit zentimeterhohen Absätzen tragen
- Haare hochtoupieren
- Haare nach oben gelen
- Kerzengerade halten
- Nur von unten fotografieren lassen
- Beim Reden auf einem Podest stehen
- Rhetorischer Kniff: „Understatement ist ein beliebtes Vergrößerungsglas für die eigene Größe" (Sir Peter Ustinov)

Wissenschaftliche Erkenntnisse

Der kleine Mann weiß nicht,
dass er klein ist
und fürchtet es zu wissen.
(Wilhelm Reich)

Es ist schon erstaunlich, was die Wissenschaft schon alles so herausgefunden hat. Um die nicht besonders überraschende Pointe vorwegzunehmen: Kleine Männer sind oftmals benachteiligt. Größere Männer sind besser dran – gesundheitlich wie privat. Große Männer verdienen mehr Geld, und auch bei der Vergabe von Stellen werden sie bevorzugt behandelt, berichteten US-Forscher. Das ist nicht fair. Tatsächlich konnte nie nachgewiesen werden, dass große Männer entscheidungsfreudiger, risikobereiter und beruflich erfolgreicher sind, so eine andere US-Studie. Männer über 1,89 m verdienen an der Wall-Street zwei Prozent mehr als Männer, die unter 1,80 m sind, behaupten US-Wirtschaftswissenschaftler süffisant.

Statistisch gesehen bekommen Absolventen der Universität Pittsburgh zwölf Prozent mehr Gehalt, wenn sie größer sind als 1,82 m, bemerken die kleinen Statistiker der Universität Pittsburgh. Kleine Männer mobben mehr, sagen Ärzte der Universität Michigan. Ist das ein Wunder? Je mächtiger kleine Männer werden, desto größer fühlen sie sich – und zwar größer als sie tatsächlich sind, ergab eine Studie der Universität Washington.

Man sollte auch nicht vergessen, dass bei den amerikanischen Präsidentschaftswahlen meistens der größere Kandidat als Sieger hervorging, so eine weitere US-Studie.

Außerdem ermittelte die Studie, dass Bischöfe im Schnitt 4,5 cm größer sind als Pfarrer, während Eisenbahnpräsidenten die Stationsvorsteher im Schnitt um vier Zentimeter überragen.

Ein Herz für Inder

Weil er seine Perücke künstlich erhöht hatte, um die geforderte Mindestgröße für den Polizeidienst zu erreichen, ist ein Bewerber im indischen Mumbai festgenommen worden. Als er feststellte, dass er das Gardemaß von 1,68 m um drei Zentimeter verfehlte, stopfte sich Nilesh Ramlal Bario kurzentschlossen sein Unterhemd unter sein falsches Haarteil. Der Schwindel flog auf. Jetzt muss sich der kleine Inder wegen grober Täuschung vor Gericht verantworten.

Eine Studie der britischen Universität Bristol will beobachtet haben, dass große Menschen länger leben als kleine Menschen. Frauen über 1,60 m und Männer über 1,80 m haben eine höhere Lebenserwartung, fügt der britische Forscher Dr. Harris von der Universität Southampton flankierend hinzu. Kleine Menschen haben häufiger Probleme mit Bluthochdruck oder nehmen sich häufiger das Leben, zitiert ein Wissenschaftler der Universität Helsinki faktensicher aus der Statistik. Klare Sache: Je höher der Blutdruck, desto niedriger die Chance auf ein langes Leben. Je größer ein Mensch, umso geringer ist sein Herzinfarktrisiko, betonen Forscher der Universität Dallas im US-Bundesstaat Texas. Menschen, die kleiner als 1,48 m sind, haben ein deutlich höheres Herzinfarktrisiko als andere, fanden US-Forscher der Universität Boston heraus. „Kleinere Menschen haben kleinere Arterien, und je kleiner die Arterien sind, desto schneller können sie verstopft werden und zum Infarkt führen", erklärt Dr. Teddy Bush. Vor allem Menschen, die kleiner als 1,64 m sind, neigen zu erhöhtem Blutdruck, bemerken Wissenschaftler der Universität Münster. Kleine Menschen leiden darunter, dass sie nicht ernst genommen werden, klagt der Bundesverband Kleinwüchsiger Menschen. In Deutschland leben rund 150 000 Menschen, die zwischen 90 Zentimeter und 1,50 m sind. Simple Mathematik verrät uns, dass das 0,2 Prozent der Bevölkerung sind.

Wie groß wird mein Kind?

FAUSTFORMEL:

Körpergröße Vater + Körpergröße Mutter geteilt durch zwei = Ergebnis

So viel steht fest: Die Körpergröße ist zu 75 Prozent von genetischen Anlagen und nur zu 25 Prozent von

Umwelteinflüssen abhängig. Das belegt eine Untersuchung aus Amerika. Die größten Männer in Europa sind mit durchschnittlich 1,83 m die Niederländer, die größten Deutschen leben mit durchschnittlich 1,81 m im hohen Norden in Schläfrig-Holzbein, sorry: Schleswig-Holstein, so eine vergleichende Studie. Außerdem ist es wissenschaftlich erwiesen, dass Arbeitslose kleinere Kinder haben. Besser gesagt: Akademiker sind länger als Arbeiter. Die Männer werden immer größer, verkünden im Gegenzug US-Wachstumsforscher. In Amerika, dem Land der unbegrenzten Möglichkeiten, sind schon zwei Prozent größer als 1,98 m – das Ende der Fahnenstange ist noch nicht erreicht. „Nicht nur in Deutschland, in ganz Europa, den USA, Australien, Japan und Neuseeland sind die Menschen in den letzten 100 Jahren immer größer geworden", hebt Anthropologie-Professor Georg Kenntner von der Universität Karlsruhe hervor und prognostiziert für Männer im Jahr 2080 eine Durchschnittsgröße von 1,90 m. Das sind ja schöne Aussichten. Doch US-Mediziner Thomas Samaras aus San Diego findet das nicht so gut und rechnet vor: Wir werden viel zu groß. Alle zehn Jahre wächst die Weltbevölkerung im Durchschnitt um eineinhalb Zentimeter. „Wenn das in 75 Jahren noch einmal 20 Prozent mehr sind, dann brauchen wir 50 Prozent mehr Energie, 73 Millionen Hektar mehr landwirtschaftliche Anbaufläche, und der Ausstoß von Kohlenmonoxid wird ebenfalls gewaltig steigen", ätzt der 1,67 m große Samaras. Seiner Meinung nach ist der ideale Mensch 1,50 m groß und wiegt 50 Kilogramm. Folgende Hochrechnung stellt er auf: Klein gewachsene Menschen belasten die Umwelt weniger und sind nicht so krankheitsanfällig.

Nur mal so interessehalber gefragt: Wozu ist es überhaupt gut, so groß zu sein? „Großwüchsige haben eine bessere Erscheinungsform, sie sind repräsentativer", resümiert der Kieler Anthropologe Prof. Hans W. Jürgens.

Womit wir flugs wieder beim Thema Frauen sind. Bei der Partnersuche werden kleinere Männer als weniger attraktiv empfunden, teilen amerikanische Wissenschaftler mit. Frauen favorisieren als zukünftigen Partner meist jemanden, der etwa fünf Zentimeter größer ist als sie selbst, heißt es in der Studie. Große Männer haben bei Frauen mehr Erfolg, ergab eine Studie der Universität Breslau. Nach Ansicht der polnischen Forscher sind kinderlose Männer durchschnittlich drei Zentimeter kleiner als Männer, die zumindest ein Kind gezeugt haben. Aber das sagt gar nichts. Große Männer über 1,85 m haben im Schnitt mehr Kinder als kleinere Männer, verdeutlicht eine deutsch-amerikanische Studie über US-Offiziere. Der springende Punkt ist aber: Ehemänner von kleinem Wuchs sind zwar eifersüchtiger, aber auch treuer – so das Ergebnis einer Studie der Syracuse-Universität in New York. Und noch ein Studienergebnis spricht eine deutliche Sprache: Ein von der Polizei zum Messen des Atemalkohols eingesetztes Gerät zeigt einer Studie zufolge bei kleinen Menschen höhere Werte an als bei größeren, berichten Rechtsmediziner der Universität Magdeburg.

Kurz und interessant

Polizisten mit kleinen Händen leben gefährlich, ergab eine Studie des niederländischen Innenministeriums. Grund: Sie können nicht schnell genug an den Abzug ihrer Waffen kommen.

Ein Polizei-Sprecher: „Beamte mit kleinen Händen müssen sofort von der Straße." Hup, Holland, hup!

Nun noch die Frage: Wer ist schuld an dem Desaster? Daran ist mit an Sicherheit kratzender Wahrscheinlichkeit die Evolution schuld – damals war Größe gleichgesetzt mit Macht und Stärke. Und Männern mit Gardemaß traute man mehr Leistungsfähigkeit und Durchsetzungskraft zu, heißt es in einer Studie. Hier ist das letzte Wort sicher noch nicht gesprochen. Wir bleiben dran.

Coole Berufe für kleine Männer

– MIT BERÜHMTEN BEISPIELEN

Wenn dir das Leben eine Zitrone gibt, mach Limonade draus!
(Virginia Euwer Wolff)

Kaiser, Könige & Konsorten

Napoleon Bonaparte (1769–1821) gilt als die Mutter aller kleinen Männer, das Maß aller Dinge, die Numero Uno, der Boss der Bosse, der oberste Käse. Aber war Napoleon überhaupt klein? Die Angaben zu seiner Körpergröße schwanken von 1,51 m über 1,57 m bis hin zu 1,69 m. Eine psychologische Studie aus Großbritannien über kleinwüchsige Machthaber besagt beispielsweise, dass der Kaiser der Franzosen 1,51 m groß war. „Non" sagen die Franzosen, stimmt nicht – und werfen den Engländern respektloses Verhalten vor. Laut Abmessung auf seinem Totenschein war er genau 1,66 m groß (Quelle: Französische Nationalbibliothek); und Napoleons Kammerdiener Louis Constant Wairy (1778–1845) hielt in seinen Memoiren fest, dass sein Dienstherr 1,68 m maß, während Napoleons Ordonnanzoffizier Gaspard Gourgaud behauptet, dass er sogar 1,69 m groß war. Na klar, er war 1,69 m groß – mit hohen Stiefeln und Dreispitz, entgegnen geradezu herablassend ein paar Dauernörgler und betonen, dass der Kaiser am liebsten Stiefel mit sehr dicken Sohlen trug, damit er sich inmitten seiner Ordonnanzoffiziere und Generäle in etwa auf gleicher Augenhöhe befand. Der Kammerdiener hat in seinem Erinnerungsbuch über Napoleon geschrieben: „Sa taille était de cinq pieds deux pouces trois lignes." Wir haben diesen Satz von unserer alten Französischlehrerin Frau Dullweber übersetzen lassen. Demnach sind fünf alte französische Pied du Roi Pi genau 162,4 cm, zwei alte Pouce du Roi sind 5,51 cm, während drei Lignes so Pi mal Daumen 6,8 mm ergeben, macht also summa summarum unterm Strich 168,49 cm für den Kaiser. So weit, so bon. Doch in der englischen (!) Übersetzung heißt es an dieser Stelle lapidar: „His height was five feet, two inches, three lines." Rechnet man nun die englische Maßeinheit um und zählt zwei und zwei zusammen, dann kommt man nach Adam Riese und Eva Zwerg auf eine Körpergröße von roundabout 1,57 m. Ach, du heiliges Kanonenrohr. Wir fürchten, dass sich England und Frankreich weiterhin in herzlicher Feindschaft zugetan sind und die Schlacht um die wahre Körpergröße von Napoleon noch lange nicht entschieden ist.

Kurz und interessant

Der luxemburgische Schauspieler René Deltgen (1908–1979) hat wegen seiner angeblichen Ähnlichkeit mit Napoleon alles Material über den Korsen gesammelt.

Auch Sophie Marie von Pannwitz, verheiratete Gräfin von Voß (1729–1814), die fast 70 Jahre am preußischen Hof lebte und Beraterin von Königinnen und Königen war und immer alles wusste, hatte keinen blassen Schimmer. Nach einem Treffen zwischen Preußens Königin Luise mit Napoleon notierte sie in ihrem Tagebuch: „(…) ein dickes, aufgedunsenes Gesicht, dabei ist er korpulent, klein und ganz ohne Figur". Mon dieu! Frauen! Sie können zwar bissige Bemerkungen machen, haben aber keinen Zollstock dabei, um mal eben einen Kaiser zu vermessen. Anyway: Für seine Zeit war Napoleon nicht klein, sondern eher normal. Statistisch gesehen lag um 1835 die durchschnittliche Körpergröße von französischen Männern bei 1,61 m, von Militärrekruten sogar bei 1,62 m. Das hat der Statistiker Adolphe Quetelet ermittelt. Wenn der Kammerdiener also nicht gelogen hat, war Napoelon mit 168,5 cm von mittlerer Größe. Voilà. Andererseits weiß man, dass sich der Feldherr gerne mit groß gewachsenen Gefolgsleuten umgab und deshalb heute im Vergleich kleiner wirkt, als er war, doch nichts Genaues weiß man nicht. Napoleon selbst hat sich nur einmal über seine Körpergröße geäußert: „Es ist der Erfolg, der die großen Männer macht", sagte er kurz angebunden. Eine konkrete Größenangabe wird dann endlich vom deutsch-französischen Kulturkanal *Arte* nachgeliefert. Dort hieß es in einer Sendung über Napoleon, dass er wahrscheinlich 1,67 m groß war, was in der damaligen Zeit eigentlich dem Durchschnitt entsprochen hätte. Wer bietet mehr?

Napoleon ist nicht nur der Namensgeber für einen Kuchen, sondern auch für einen Komplex. Der populärwissenschaftlich gebrauchte Begriff „Napoleon-Komplex" wurde vom österreichischen Arzt und Psychotherapeuten Alfred Adler (1870–1937) geprägt und beschreibt das Verhalten, bei dem eine vergleichsweise geringe Körpergröße durch äußere Erfolge und Statussymbole kompensiert wird.

Anekdote

Napoleon geht auf Zehenspitzen in seiner Bibliothek herum und versucht dann, ein Buch aus dem Regal zu nehmen. Marshall Ney will ihm dabei helfen: „Sire, erlauben Sie mir, es Ihnen zu reichen, ich bin größer!" Darauf Napoleon mit grimmigen Gesicht: „Größer? Länger!"

Die Legende berichtet, dass Adler tagelang in seinem Horst in Wien darüber brütete, wie man das Gefühl der Minderwertigkeit nennen könnte, das er soeben entdeckt hatte. Da stieß er auf ein Foto von Napoleon, der angeblich klein und mächtig war – und plötzlich ging ihm ein Licht auf. Spontan nannte der Psychologe das Phänomen „Bonapartefeeling", entschied sich aber

WARUM STECKT NAPOLEON AUF HISTORISCHEN GEMÄLDEN IMMER SEINE RECHTE HAND IN DIE UNIFORMJACKE?

1. Hatte Magenprobleme
2. Wollte prüfen, ob sein Portemonnaie noch da ist
3. Hatte eine kaputte Hand, aber keine Lust, eine Armschlinge zu tragen
4. Spielte gerne mit seinem Koppelschloss
5. Legte seine Hand aufs Herz (Nationalstolz)
6. War damals „le dernier cri"
7. Der Porträtmaler konnte nur eine Hand malen (die linke)

dann doch für den griffigeren Terminus „Napoleon-Komplex“ und ließ den neuen Begriff sogleich ausposaunen und patentieren.

Wie auch immer: Es scheint eine welthistorische Konstante zu sein, dass am liebsten kleine Männer nach der Krone gegriffen haben. Hier eine kleine Auswahl:

Große Kaiser

Frankreich:	Kaiser Napoleon I. (1,67 m)
Äthiopien:	Kaiser Haile Selassie (1,62 m)
Japan:	Kaiser Hirohito (1,65 m)
Mongolei:	Dschingis Khan (1,60 m)
Zentralafrika:	Kaiser Bokassa (1,57 m)

Unsere Recherchen haben ergeben, dass es in der Geschichte nur drei wirklich große Kaiser gegeben hat. Erstens Peter der Große (1672–1725), der aus dem russischen Riesenreich eine europäische Macht formte, verfügte tatsächlich über ein Gardemaß von zwei Metern. Der Zar war so stark, dass er schon mal mit bloßen Händen aus einem silbernen Teller einen Klumpen knetete. Ein Riese war zweitens König Ludwig II. von Bayern (1845–1886), der es auf märchenhafte 1,93 m brachte und aus eigener Kraft ein schönes Schloss bauen ließ (Neuschwanstein). Der Dritte im Bunde ist der am 11. September 1945 in München geborene Franz Beckenbauer, genannt „Der Kaiser“. Der 1,81 m große Ausnahmefußballer ist stark am Ball und wurde 1974 Weltmeister. Er lebt in Oberndorf in Tirol in der – kein Schmarrn – Kaiserstraße.

RASEND ORIGINELLE SPITZNAMEN VON FÜHRENDEN PERSÖNLICHKEITEN

Nicolas Sarkozy (Ex-Staatspräsident): *Napoleon*

Jean Todt (Formel-1-Teamchef): *Napoleon*

Horst Ehrmanntraut (Fußballtrainer): *Napoleon*

Bernie Ecclestone (Formel-1-Boss): *Napoleon*

Jean-Bédel Bokassa (Ex-Kaiser): *Napoleon*

Oskar Lafontaine (Politiker): *Napoleon von der Saar*

Udo Proksch (Zuckerbäcker): *Wienerischer Napoleon*

Deng Xiaoping (Ex-Staatspräsident): *Pfeffriger Napoleon*

Dettmar Cramer (Fußballtrainer): *Napoleon*

Michael A. Roth (Ex-Fußballpräsident): *Napoleon*

Marc Conrad (Ex-TV-Programmdirektor): *Little Napoleon*

Charles Aznavour (Sänger): *Napoleon des Chansons*

Javier Clemente (Fußballtrainer): *Napoleon*

Bleibt noch die Frage: Was ist der Unterschied zwischen Kaiser und König? Ist doch ganz einfach: Ein König wird durch eine Erblinie bestimmt, aber zum Kaiser ruft man sich selbst aus oder man wird vom Papst gekrönt. Und bei der Krönung muss Kaiserwetter herrschen. Noch ein kleiner, aber feiner Unterschied: Als Kaiser regiert man im Gegensatz zum König nicht nur ein Land, sondern muss auch fremde Länder erobern und morden und brandschatzen. So wollen es die Statuten. Während Napoleon beispielsweise „nur" das halbe Europa erobern konnte, hat Dschingis Khan weite Teile Zentralasiens und Nordchinas klar gemacht und wurde deshalb mit dem Titel „Ungestümer Herrscher" ausgezeichnet. Am Ende bleibt die alte Binsenweisheit: Lieber kleiner König als großer Kaiser.

Hier ist die kleine Liste:

Kleine Könige

Ägypten:	König Tutanchamun (1,67 m)
Makedonien:	Alexander der Große (1,50 m)
Jordanien:	König Hussein (1,60 m)
England:	König Charles I. (1,62 m)
Italien:	Viktor Emmanuel III. (1,55 m)

Zum Schluss noch eine richtig gute Nachricht: Auch kleine Italiener dürfen künftig in den Staatsdienst. Das sieht ein Gesetzesentwurf der Regierung vor. Die bisherige Mindestgröße von 1,55 m soll abgeschafft werden. Die auch für Italiener geringe Körpergröße von 1,55 m habe seinerzeit König Viktor Emmanuel III. (1867–1947) als Grenzmaß für den Staatsdienst eingeführt, heißt es. Ja, da kommt Freude auf. Wir beenden dieses Kapitel und singen: „Froh zu sein bedarf es wenig – und wer froh ist, ist ein König."

Diktatoren & Bösewichtel

Zugegeben: Es ist nicht gerade ein erfreuliches Thema, aber wat mutt, dat mutt. Es gibt wohl kaum eine Herrschaftsform, bei der die Begründung zur Macht so klar geregelt ist.

Ein Diktator beruft sich auf eine besondere Gefahr oder Krise eines Landes, die nur er meistern kann. Und schon ist es passiert. Fertig, aus.

Und nicht selten putscht sich ein kleiner Mann an die Macht. Beispiele:

Kleine Diktatoren

Italien:	Benito Mussolini (1,52 m)
Russland:	Josef Stalin (1,65 m)
Zentralafrika:	Jean-Bédel Bokassa (1,57 m)
Argentinien:	Hugo Banzer (1,60 m)
Spanien:	General Franco (1,65 m)
Nordkorea:	King Jong II. (1,60 m)
Rumänien:	Nikolaj Ceausescu (1,65 m)

Apropos Diktatoren: Nachdem Charlie Chaplins Film „Der Große Diktator", eine Satire auf Adolf Hitler und den Nationalsozialismus, im Dritten Reich verboten war, besorgte sich Hitler (1,72 m) eine Kopie und schaute sich den ersten Tonfilm von Chaplin (1,60 m) gleich zweimal an.

Fest steht auch: Die führenden Nazis waren kleine Männer. Hitler hätte doch nie und nimmer Minister eingestellt, die größer waren als er.

Nazi-Größen

Adolf Hitler (1,72 m)
Joseph Goebbels (1,65 m)
Adolf Eichmann (1,68 m)
Julius Streicher (1,68 m)

Diktatoren, die ihre wahre Größe verheimlichen, werden in der Hofberichterstattung entweder „zierlich" genannt (wie Nguyen Van Thieu aus Süd-Vietnam) oder „klein von Gestalt" wie Sani Abacha, der ehemalige Staatspräsident und Militärdiktator Nigerias, der von 1993 bis 1998 regierte.
Was man sonst noch wissen muss: Diktatoren treten gerne in Uniformen auf und regieren ihr Land mit eiserner Faust. Gibt es nämlich Probleme mit dem Volk, könnte das gleich als Führungsschwäche ausgelegt werden. Sie leben in großen schwerstbewaffneten Palästen umgeben von einer ganzen Batterie Leibwächter und genießen den Luxus.

Afrikas größenwahnsinnigster Diktator Jean-Bédel Bokassa ließ sich Paläste im Stil von Versailles bauen und verglich sich gerne mit Napoleon: „Es gibt viele Gemeinsamkeiten zwischen Napoleon und mir", sagte er und erklärte: „Er war ein Offizier aus einer armen Familie wie ich, und er wurde Kaiser. Ich habe meine Sachen wie Napoleon gemacht: auf großer Stufe." Hört! Hört!

Während Afrikas letzter Monarch, der König von Swasiland, es auf dreizehn Ehefrauen und sieben Paläste bringt, besaß Nordkoreas Diktator Kim Jong II. immerhin 32 Paläste und hortete über 23.000 Filme in seiner privaten Videothek.

Der irakische Diktator Saddam Hussein, so fand ein US-Magazin heraus, hatte eine Fernsehlieblings-Sendung: „Unsere kleine Farm". Aber das gehört eigentlich gar nicht hierher.

Gar nicht schön ist, dass es im richtigen Leben neben Diktatoren auch Mörder, Terroristen, Bankräuber, Drogenschmuggler, Diebe, Herzensbrecher, Hochstapler, Mafiosi und Kleinkriminelle unter den kleinen Männern gibt. Bitte einzeln hervortreten – mit erhobenen Händen:

Übel & Gefährlich

Charles Manson (1,58 m)

Khalid Scheich Mohammed (1,55 m)

Joaquin Guzmán (1,55 m)

Clyde Barrow (1,66 m)

Pablo Escobar (1,65 m)

Babyface Nelson (1,64 m)

Salvatore Riina (1,60 m)

Diese Liste erhebt keinen Anspruch auf Vollständigkeit, aber wir wollen es mal so ausdrücken: Die Kleinen hängt man, und die Großen lässt man laufen.

Helden & Heilige

Ach, kleine Männer können so böse sein, sooo böse. Und ganz schlimme Finger wie Goldfinger wollen die ganze Welt entweder vernichten oder beherrschen. Und so traurig das alles ist, es gibt doch Hoffnung. Sie heißt – Bond, James Bond. „Als Goldfinger sich erhoben hatte, war Bond sogleich aufgefallen, wie an diesem Mann nichts zueinander passte. Er war höchstens einssechzig. Auf dem dicken Rumpf mit den plumpen, bäuerischen Beinen saß nahezu halslos ein übergroßer, kugelrunder Kopf. Als hätten die einzelnen Körperpartien früher verschiedenen Männern gehört", mokiert sich Ian Fleming (1,83 m), der Schöpfer von James Bond, im gleichnamigen Kriminalroman und kommt langsam in Fahrt: „Im Allgemeinen misstraute Bond kleinen Menschen. Das waren doch nur personifizierte Minderwertigkeitsgefühle! Stets wollten sie groß sein, größer als die anderen, wie Napoleon und Hitler. Von wem kam denn die Unruhe in der Welt? Auf welche Weise Goldfinger wohl zu einem der reichsten Männer geworden war?" – Nein, man will es lieber gar nicht so genau wissen. Am Ende des Films dringt 007, gespielt von Sean Connery, in Goldfingers Zentrale ein und besiegt den Oberbösewicht. Oh, Mann, Gert Fröbe als Goldfinger war schon eine echt coole Sau. Vom 1,85 m großen und 230 Pfund „leichten" Charakterdarsteller Gert Fröbe stammt auch das Bonmot: „Man ist niemals zu schwer für seine Größe, aber oft ist man zu klein für sein Gewicht."

In der 007-Parodie „Casino Royale" von John Huston aus dem Jahr 1967 spielt Woody Allen (1,65 m) einen irr-

Kurz und interessant

Der James Bond-Darsteller Sean Connery (1,89 m) hätte in Wahrheit beim britischen Geheimdienst keine Schnitte gehabt. Nach einer aktuellen Stellenausschreibung des Inlanddienstes MI 5 sollen Bewerber nicht größer als 1,80 m sein. „Wir suchen jemanden von durchschnittlicher Größe", heißt es im Bewerbunsgprofil.

sinnigen kleinen Neurotiker, der als Jimmy Bond (Neffe von James Bond) die Weltherrschaft durch geklonte Doppelgänger an sich reißen will. Sein erklärtes Ziel: Alle Frauen werden schön, und alle Männer über 1,52 m werden vernichtet. Oha! Das ist eine echte Kampfansage. Wir Großen haben Angst, sind aber sicher, dass die Mächte des Guten die des Bösen besiegen werden. Und am Ende gewinnen die guten Superhelden. Ein schöner Traum, zweifellos. Hier ist unsere kleine Traumbesetzungsliste:

Schöne Helden

Meyer Lansky (1,52 m)
Horatio Nelson (1,50 m)
Bradley E. Manning (1,60 m)
John Harvey Kellogg (1,64 m)
Lawrence von Arabien (1,66 m)
Yuri Gagarin (1,57 m)
Udo Proksch (1,50 m)
Rudi Dutschke (1,70 m)
Heinrich Schliemann (1,56 m)
Joseph Carey Merrick (1,67 m)

Heldenhafte kleine Kerle haben Charisma und sind meistens einer großen Sache auf der Spur. Heinrich Schliemann (1,56 m) hat Troja entdeckt, Einstein (1,71 m) die Relativitätstheorie, der Arzt Dr. Kellogg (1,64 m) hat die Cornflakes erfunden, Meyer Lansky (1,52 m) hatte die Finanzen im Griff, Paradiesvogel Udo Proksch (1,50 m), der gerne im Napoleonkostüm posierte, wollte dem österreichischen Bundesheer Kunststoffpanzer verkaufen, Yuri Gagarin (1,57 m) war der erste Mensch im All, und Lawrence von Arabien (1,66 m) war schon zu Lebzeiten ein Mythos.

Die Geschichte zeigt deutlich: „Ein großer Mann ist ein kleiner Mann, der etwas als erster tut", wie Benjamin Franklin (1,75 m) bemerkt hat. Der Mann muss es wissen, denn er hat den Schaukelstuhl erfunden und war auf seine Art auch ein Held. „Ich finde, ein Schaukelstuhl muss geschnitzte Pferdeköpfe an den Armlehnen haben", wirft der 1,67 m große Mode-Zar Ralph Lauren ein. Nun, Schaukelstühle sind anerkanntermaßen eine feine Sache, aber wir wollen nicht abschweifen. Denn die Lage ist ernst, aber nicht hoffnungslos.

Viele Bürger fühlen sich von der Regierung verschaukelt und sind empört über die sich beständig verschlechternden Lebensumstände. Immer wieder werden Rufe nach mehr sozialer Gerechtigkeit laut.

Auf Transparenten wird gegen die Macht der Banken protestiert und die Überwindung des kapitalistischen Systems gefordert: „Zinsen weg! Kredit für alle!" oder „Blöder Kapitalismus" lauten die Parolen der Demonstranten. Doch die Banken zocken weiter mit unserem Geld, und bald geht alles den Reibach runter. Dürfen wir ganz offen sein? Wir glauben fest daran, dass es eines Tages eine Revolution gegen die Weltherrschaft der Banken geben wird, aber wer soll sie anführen, die Revolution? Wer? Ein kleiner Mann? Der 1,70 m große Rudi Dutschke hat dazu lediglich gesagt: „Ein Revolutionär muss die Revolution machen." Ach ja, und wann soll die Revolution stattfinden? Und wo? Fragen über Fragen.

Kein Zweifel: Die Zeit ist reif für eine Revolution, und neben dem feinsinnigen Rudi Dutschke (1,70 m) hätte auch Che Guevara (1,75 m) einen brauchbaren Anführer abgegeben. Das muss man sagen. Doch sowohl Dutschke als auch Che Guevara haben einen für Revolutionäre fast unverzeihlichen Fehler: Sie sind nicht groß genug. Jawohl, nicht groß genug.

Nichts für ungut, liebe kleine Männer, aber wir schließen uns den Worten von Charles Bukowski (1,80 m) in „Schreie vom Balkon" an und sagen: „Alle Revolutionäre sollten einsdreiundneunzig groß sein, 170 Kilo wiegen und aussehen wie junge Gregory Pecks mit Mensurnarben; und nie sollten sie behelligt werden von Verstopfung, Schlaflosigkeit oder der Suche nach Beschäftigung im kapitalistischen Nest." Klare Sache und damit hopp.

Sollte es allerdings dermaleinst zu einer gewaltfreien Revolution kommen, dann wird sie garantiert durch einen Heiligen von geringer Körpergröße ausgelöst. Durch Typen wie Gandhi oder dem Dalai Lama bzw. Father Brown, diesen kleinen katholischen Priester mit schwarzem Flachhut und schäbigem Regenschirm, der Kriminalfälle mit Köpfchen löst. Der heilige, kleine, unscheinbare Mann, den sich der britische Schriftsteller G. K. Chesterton ausgedacht hat, wurde in den

„Pater Brown"-Filmen meisterhaft von Heinz Rühmann (1,65 m) dargestellt.

Und was sagt Pu, der Bär dazu? „Wenn Ferkel seine Angst überwindet, wird er allen beweisen können, dass man Helden nicht an ihrer Körpergröße misst, sondern an der Größe ihres Herzens!" Wir halten fest: Heilige sind außerordentlich sanft und können Berge versetzen. Von ihnen kann man gewaltloses Handeln und zivilen Ungehorsam lernen. Hier unsere Top-Five:

Komische Heilige

Mahatma Gandhi (1,59 m)
Dalai Lama (1,66 m)
Franz von Assisi (1,54 m)
Erzbischof Tutu (1,60 m)
Martin Luther (1,63 m)

Was macht eigentlich der Heilige Vater? „Der kleine Mann mit dem lustigen Hut" *(Spiegel Online)* hält sich bedeckt. Es gibt jedenfalls keine verlässlichen Hinweise darauf, dass Papst Benedict XVI. (bürgerlich: Joseph Aloisius Ratzinger) bahnbrechende Reformen oder eine Rebellion plant. Das Oberhaupt der katholischen Kirche winkt, lächelt, segnet und genießt das Bad in der Menge. Wir glauben, Sie stimmen mit uns überein, wenn wir sagen: Die Messe ist gelesen.

Politiker & Bonzen

Kleine Männer werden anfangs oft unterschätzt, doch dann sind sie ganz oben – mit Ehrgeiz und Kalkül. Unter Politikern findet man auffallend häufig klein gewachsene Männer, die in hohe Machtpositionen aufgestiegen sind. Die Liste ist lang:

Argentinien:
Carlos Menem (1,50 m)

England:
Winston Churchill (1,70 m)

Frankreich:
Nicolas Sarkozy (1,65 m)
François Hollande (1,70 m)

Deutschland:
Gregor Gysi (1,66 m)
Norbert Blüm (1,67 m)
Heinrich Lummer (1,58 m)
Erich Honecker (1,68 m)
Helmut Schmidt (1,70 m)
Kurt Biedenkopf (1,70 m)
Gerhard Schröder (1,72 m)

Österreich:
Engelbert Dollfuß (1,49 m)
Wolfgang Schüssel (1,72 m)

Italien:
Silvio Berlusconi (1,64 m)
Sandro Pertini (1,63 m)
Giulio Andreotti (1,67 m)

Spanien:
José Maria Aznar (1,70 m)

Schweiz:
Claude Frey (1,63 m)
Ernst Cincera (1,63 m)

Polen:
Lech Kaczynski (1,57 m)
Jaroslaw Kaczynski (1,57 m)

Palästina:
Jassir Arafat (1,63 m)

Israel:
Ariel Sharon (1,60 m)

Iran:
Mahmud Ahmadinedschad (1,67 m)

Russland:
Nikita Chrutschow (1,60 m)
Lenin (1,64 m)
Wladimir Putin (1,70 m)
Josef Stalin (1,65 m)
Dmitri Anatoljewitsch Medwedew (1,62 m)

China:
Deng Xiaoping (1,52 m)

Interessant: Nur in den Vereinigten Staaten von Amerika sind die Präsidenten immer große Männer. Amerikanische Wissenschaftler haben herausgefunden, dass bei 18 der letzten 22 Präsidentschaftswahlen in den USA der größere Kandidat die Nase vorne hatte. Es ist daher nicht verwunderlich, dass Ross Perot (1,63 m) als parteiloser Bewerber bei der Präsidentschaftswahl 1992 gegen Bill Clinton (1,93 m) den Kürzeren zog.

Kleine Randnotiz: Der amtierende Präsident Barack Obama misst genau 1,85 m. Man kann es auch anders sagen: Es hat in der Geschichte der USA nur zwei kleine Präsidenten gegeben, während bei den Russen in der Regel immer kleine Männer die Hosen anhaben. Was fangen wir mit dieser Tatsache an? Gute Frage, nächste Frage.

Hier für alle Freunde der Statistik der direkte Vergleich der kleinen Herrscher beider Supermächte:

Kreml-Chefs	US-Präsidenten
Stalin (1,65 m)	James Madison (1,62 m)
Putin (1,70 m)	Martin Van Buren (1,67 m)
Chruschtschow (1,60 m)	
Lenin (1,64 m)	
Medwedew (1,62 m)	

Besonders in Russland ist die Körpergröße von Politikern offenbar ein heikles Thema (wir berichteten). Das zeigt auch ein Vorfall, der sich vor drei oder vier Jahren zutrug: Als eine Journalistin bei einer Recherche für ein Doppelporträt von Wladimir Putin und Dmitri Medwedew auch die Körpergröße der beiden Politiker erfahren wollte, stieß sie zunächst auf eine Mauer des Schweigens. Stunden später wurde ihr doch noch das „große" Staatsgeheimnis verraten, jedoch fehlten bei Erscheinen der Zeitung plötzlich die Größenangaben. Durch die Heimlichtuerei wurde im Riesenreich eine Diskussion über die „wahre Größe" der russischen Staatsspitze angeheizt. Es wurde sogar gemunkelt, dass Regierungschef Putin (1,70 m) Präsident Medwedew (1,62 m) ausgewählt haben soll, weil dieser ihn nicht überragt.

Anekdote

Der ärgste Widersacher des Großen Vorsitzenden Mao Tse-Tung (1,75 m) war der 1,52 m große Deng Xiaoping. Zweimal warf Mao ihn aus allen Ämtern. Einmal, auf einer Sitzung des Politbüros, forderte Mao Tse-Tung alle Genossen, die mit seinem Vorschlag nicht einverstanden waren, auf, doch einfach aufzustehen. Deng erhob sich. Darauf Mao: „Ich sehe niemanden, der steht. Die Sache ist einstimmig beschlossen." Es erhob sich ein allgemeines Gelächter im Saal. Deng wurde trotzdem Nachfolger von Mao und ein großer Staatsmann.

Immer wieder hat uns in den letzten Jahren der französische Ex-Staatspräsident Nicolas Sarkozy (1,65 m) mit unerwarteten Kapriolen überrascht. Mal empfing er den deutlich größeren US-Präsidenten Barack

Gut gesagt

Ich denke immer: Je größer der Schreibtisch, desto kleiner der Mann.

Ann Ford

Obama auf Zehenspitzen, mal ordnete er an, dass seine Frau Carla Bruni (1,78 m) nur flache Schuhe tragen darf, während der redegewandte Sarkozy selbst oft auf hochhackigen Schuhen daherkommt. Und zu guter Letzt verschärfte er noch die Einstellungskriterien für seine Bodyguards. Der Zeitung *Le Parisien* zufolge durften nur noch Leibwächter eingestellt werden, die kleiner als 1,65 m waren. Frankreichs Staatspräsident hat kein Gardemaß, unkt die Presse. „Man nennt ihn Napoleon", behauptet gebetsmühlenhaft das deutsche Nachrichtenmagzin *Der Spiegel.* Napoleon, Napoleon, immer wieder Napoleon. Es ist auffällig, wie oft dieser Name in Zusammenhang mit kleinen Männern erwähnt wird. Alles Zufall oder Absicht?

Fakt ist: Kleine Männer haben es einfach drauf. Sie wissen genau, wie man erfolgreich wird und groß rauskommt. Sie schaffen es immer ganz nach oben – beruflich und privat, da beißt die Maus keinen Faden ab.

Wie das geht, hat der amerikanische Motivationsguru Dale Carnegie gezeigt. Allein schon seine Buchtitel sind kleine Schritte in die richtige Richtung: „Wie man Freunde gewinnt"; „Sich durchsetzen, aber richtig"; „Sorge dich nicht, lebe!"; „Der Erfolg ist in Dir!" Und der Erfolg gab ihm Recht, denn Dale Carnegie war weltweiter Bestsellerautor, gefragter Kommunikationsexperte und mehrfacher Millionär. Und was war er so für ein Typ? – nur mal so aus Neugier gefragt. „Dale Carnegie war ein schmächtiger kleiner Mann mit einer Adlernase und einer schrillen Stimme, die nie ihren starken Akzent aus dem mittleren Westen verlor", berichtet Richard Stengel in seinem beachtenswerten „Handbuch für Schmeichler & Arschkriecher" und verkündet: „Wie Harry Truman, sein Landsmann aus Missouri, kleidete Carnegie sich elegant, trug mit Vorliebe eine Fliege, rote Weste und Einstecktücher. Er bewunderte Männer, die er für groß hielt, und ging sie um Unterstützung an, wo immer er konnte. Er war aggressiv und opportunistisch. Es war geradezu gefährlich, sich an einem beliebigen Ort zwischen Dale Carnegie und der wichtigsten Person im Raum aufzuhalten." Interessantes ist noch von Edson Mitchell zu hören, dem 1,69 m großen US-Manager, der aus kleinen Verhältnissen kam und rund 20 Millionen Euro im Jahr verdiente. Er sagte: „Ich? Ich bin Gott!" Das erscheint zwar im ersten Moment etwas hoch gegriffen, bringt uns aber auf den Boden der Tatsachen zurück. Denn schließlich sind „die kleinen Männer mit der riesengroßen Macht" (Georg Kreisler) nicht zu übersehen.

Die Beweisliste:

Megamächtige Männer

Bernie Ecclestone (1,60 m)
Sepp Blatter (1,71 m)
Rudolf Augstein (1,65 m)
Hugh Hefner (1,67 m)
Nicolas G. Hayek (1,69 m)
Edson Mitchell (1,69 m)
Jean Todt (1,59 m)
Henry Kissinger (1,72 m)
Edgar J. Hoover (1,71 m)
Erich Mielke (1,68 m)
Hartmut Mehdorn (1,70 m)
Marc Conrad (1,65 m)
Marcel Avram (1,69 m)

Und Geld verdienen kleine Männer so viel, dass sie es etwas ruhiger angehen lassen können. Aus gut unterrichteten Kreisen ist zu hören: Richtig reich wird man nur als Unternehmer oder als Bankier. Oder wie wird man reich? Der ultimative Tipp kommt von Dagobert Duck (30 cm), der reichsten Ente der Welt: „Ich bin reich geworden, weil ich zäher war als die Zähsten und schlauer als die Schlausten! Und ich bin dabei ein ehrlicher Mann geblieben!" Ente gut, alles gut.

Richtig reiche Männer

Carlos Slim Helú (1,70 m)
Jean Paul Getty (1,68 m)
James Madison (1,62 m)
Ari Onassis (1,65 m)
Lloyd Blankfein (1,70 m)
Ralph Lauren (1.67 m)
Carlo Ponti (1,63 m)
Ross Perot (1,63 m)
Pablo Escobar (1,65 m)
Silvio Berlusconi (1,65 m)
Jack Welch (1,72 m)
Jeff Bezos (1,70 m)
Steven Spielberg (1,71 m)
George Lucas (1,70 m)

Kleine Männer wissen eben ganz genau, worauf es ankommt im Leben. Mit Oscar Wilde zu reden: „Als ich jung war, dachte ich, Geld sei das Wichtigste im Leben; jetzt, da ich alt bin, weiß ich, dass es stimmt."

Stars & Sternchen

Du hier und nicht in Hollywood? Im Ernst: Sie können als kleiner Mann einen Haufen Geld verdienen und sich ein angenehmes Leben machen, wenn Sie nach Hollywood gehen. Worauf warten Sie noch?

Der britische Schauspiel-Veteran Michael Caine hat sich vor kurzem überrascht gezeigt, wie klein die erfolgreichen Stars in Hollywood sind.

Caine, selbst 1,90 m groß, teilte mit: „Ich glaube, dass Ewan McGregor, Joaquin Phoenix und Tobey Maguire wundervolle Schauspieler sind. Aber ich habe noch nie einen Großen gesehen. Da gibt es glatt eine ganze Generation von sehr talentierten kleinen Leuten. Vielleicht sind sie auch ehrgeiziger, weil sie klein sind."

Angesagte Hollywood-Stars

Ben Stiller (1,69 m)
Gael Garcia Bernal (1,68 m)
Jason Alexander (1,65 m)
Daniel Radcliffe (1,65 m)
Macauly Culkin (1,71 m)
Robert Downey Jr. (1,70 m)
Joaquin Phoenix (1,73 m)
Steve Zahn (1,71 m)
Jack Black (1,68 m)
Jason Priestley (1,69 m)
Martin Shaw (1,73 m)
David Faustino (1,52 m)
Elijah Wood (1,68 m)

Wir möchten unsere Leser auch auf altgediente Hollywood-Stars aufmerksam machen. Bitte erheben Sie sich von Ihren Plätzen für:

Alte Hasen

Dustin Hoffman (1,66 m)
Al Pacino (1,65 m)
Michael J. Fox (1,62 m)
Richard Attenborough (1,68 m)
Joel Grey (1,65 m)
Richard Dreyfuss (1,65 m)
John Hillerman (1,70 m)
Harvey Keitel (1,71 m)
Bob Hoskins (1,68 m)
Sean Penn (1,72 m)
Joe Pesci (1,65 m)
William Dafoe (1,70 m)
Paul Hogan (1,73 m)

In „Mach's noch einmal, Sam" („Play it again, Sam"), einem amerikanischen Spielfilm aus dem Jahr 1967 von Herbert Ross, spielt Woody Allen (1,65 m), der auch das Drehbuch geschrieben hat, einen Filmkritiker, der keinen Erfolg bei Frauen hat und von Depressionen und Minderwertigkeitsgefühlen geplagt wird. Sein großes Vorbild Humphrey Bogart (1,66 m), der ihm in brenzligen Szenen als Einbildung erscheint, steht ihm mit Rat und Tat zur Seite. Und bei einer Begegnung mit seinem Idol Bogart gelangt Woody Allen zu folgender Erkenntnis: „Du bist klein, du bist mies, und trotzdem ist dir alles gelungen. Ich bin klein, ich bin mies, und mir wird es auch gelingen." Diesen Schauspielern ist es schon gelungen:

Legendäre Hollywood-Stars

Humphrey Bogart (1,66 m)
Mickey Rooney (1,58 m)
Audie Murphy (1,60 m)
Alan Ladd (1,63 m)
Edward G. Robinson (1,65 m)
James Cagney (1,69 m)
Peter Falk (1,67 m)
Peter Lorre (1,65 m)

Kirk Douglas (1,68 m)	Alain Delon (1,73 m)
Marlon Brando (1,71 m)	Wallace Shawn (1,57 m)
Robert Redford (1,72 m)	Eli Wallach (1,70 m)
Robin Williams (1,73 m)	Claude Rains (1,68 m)
Ben Kingsley (1,73 m)	Yul Brynner (1,73 m)
James Dean (1,73 m)	Anthony Hopkins (1,73 m)

Ruhe am Set! Wir drehen! Humphrey Bogart, der 1999 vom American Film Institute zum „größten männlichen amerikanischen Filmstar aller Zeiten" gewählt wurde, brauchte während der Dreharbeiten zu „Casablanca" für seine Rolle als Nachtklubbesitzer Rick ein Paar klobige Plateauschuhe, um neben Ingrid Bergman (1,78 m) größer zu wirken. Kamera läuft! Uuuuuund bitte! Bogart: „Ich schau Dir in die Augen, Kleines." Danke, alles im Kasten! Urs Widmer, Schriftsteller aus der Schweiz, über Humphrey Bogart: „Er ist klein, zieht die Schultern aufgeregt nach oben, er ist nervös, auch wenn er cool dreinschauen will, er geht hektisch und redet schnell, er hat vielleicht wirklich Angst, dass jemand ‚Na, Kleiner' zu ihm sagt und dass er ihm dann eine schmieren muss und dass das alles schlecht enden könnte." Läuft der Ton? Action!

Action-Stars

Bruce Lee (1,70 m)	Mel Gibson (1,72 m)
Jackie Chan (1,68 m)	Charles Bronson (1,73 m)
Tom Cruise (1,68 m)	Jean-Claude van Damme (1,73 m)
Sylvester Stallone (1,70 m)	

Man kann es drehen und wenden, wie man will, aber Humphrey Bogart hatte Ausstrahlung. „Er betrat den Set und war präsent", sagte Drehbuchautor Raymond Chandler und pfiff leise durch die Zähne. Uuuuuu-uuund Schnitt! In dem Film „Tote schlafen fest" von Howard Hawks – nach Chandlers Roman „Der große Schlaf" – spielt Humphrey Bogart den knarzcoolen, unaufgeregten Privatdetektiv Philip Marlowe, dessen Größe im Roman „Der lange Abschied" von Chandler zwar mit 1,84 m angegeben wurde („Keine sichtbaren Narben. Haare dunkelbraun, etwas grau. Augen braun. Größe einsvierundachzig. Gewicht circa einsneunzig."), aber wen juckt's. Der 1,66 m große Bogart war schon die Idealbesetzung. Kleiner Mann ganz groß. Bei der ersten Begegnung mit der verwöhnten Millionärstochter Vivian (gespielt von Lauren Bacall) kommt es zu folgendem Dialog:

Bogart: „Sie wollten mich sprechen?"

Bacall: „Sie sind Privatdetektiv? Ich wusste gar nicht, dass es die wirklich gibt, außer in Krimis – dreckige, kleine Kerle, die in Hotels herumschnüffeln. Besonders anziehend sehen Sie nicht aus."

Bogart: „Ich bin 'n bisschen klein geraten. Das nächste Mal komm ich auf Stelzen, trag 'ne weiße Fliege und 'nen Tennisschläger unterm Arm."

Bacall: „Glaub nicht, dass das viel helfen wird."

Es ist fast unnötig zu erwähnen, dass nach Beendigung der Dreharbeiten Humphrey Bogart (1,66 m) und Lauren Bacall (1,75 m) ein Liebespaar wurden und bald darauf heirateten (am 21. Mai 1946). Sie blieben bis zum Ende seines Lebens zusammen. Bogart starb am 14. Januar 1957 in Los Angeles im Alter von 57 Jahren. Seine letzten Worte waren: „Ich hätte nicht vom Scotch auf Martini umsteigen sollen." Hinterher ist man immer schlauer. Auch interessant: In dem Film „White Heat" (deutscher Titel: „Sprung in den Tod") flüchtet der von James Cagney (1,69 m) gespielte Gangster Cody vor der Polizei auf einen Öltank und schießt wild um sich. Seine letzten Worte sind: „Ich hab's geschafft, Ma! Jetzt bin ich ganz oben!" (im Original: „Made it, Ma! Top of the world!"). Das ist Spitze! So soll es sein. Kleiner Mann ganz oben. Und damit über den großen Teich zurück nach Deutschland. Bitte alle auf die Positionen!

Deutschsprachige Film- und Fernsehstars

Bruno Ganz (1,67 m)
Heinz Rühmann (1,65 m)
Klaus Kinski (1,72 m)
Heinz Schubert (1,57 m)
David Bennent (1,55 m)
Boris Aljinovic (1,67 m)
Klaus Maria Brandauer (1,73 m)
Jürgen Vogel (1,68 m)
Claus Theo Gärtner (1,69 m)
Peter Sodann (1,68 m)
Klaus Löwitsch (1,69 m)
Axel Prahl (1,67 m)
Moritz Bleibtreu (1,73 m)
Benno Führmann (1,73 m)

Apropos Benno Führmann: Dieser großartige Schauspieler (1,73 m), der unter anderem als Bubi Scholz im deutschen Fernsehen zu bewundern war, wurde von der *SZ* gefragt, wie das denn so ist, beim Drehen als kleiner Schauspieler von großen Kolleginnen überragt zu werden. Seine erfrischend offene Antwort: „Das ist hart. Sagen wir mal, die Schauspielerin hat deine Größe, trägt aber High Heels. Da siehst du schon mal alt aus. Wenn die Kamera dann über deine Schulter filmt, macht dich das noch kleiner. Also stellen sie dich auf eine Obstkiste und du fühlst dich einfach superbeknackt. Musst einen Text sagen wie „Ich hab' noch 'nen Bruder in El Paso, da können wir erst mal bleiben" – und stehst dabei auf einer Obstkiste! Ich muss da immer lachen. Dieser Schritt vom Boden auf diese Kiste – ist schon demütigend." Alte Bühnenweisheit: Wer Schauspieler sein will, muss leiden.

TV-Tipps

Szenenwechsel. Der 1,66 m große Dustin Hoffman sollte 1976 eigentlich die Hauptrolle in dem Film „Taxi

Driver" spielen, lehnte jedoch das großzügige Angebot von Regisseur Martin Scorsese ab. Jahre später erinnert er sich in der *SZ* aber noch gut an die unheimliche Begegnung der kleinen Art: „Scorsese kam in das kleine Büro in New York, das ich mir nach dem Erfolg von „Die Reifeprüfung" gemietet hatte. Ich hatte keine Ahnung, wer er war. Mein erster Gedanke war: „Endlich mal einer, der kleiner ist als ich." Der lachende Dritte war Robert De Niro (1,77 m), der die Rolle als „Taxi Driver" mit Kusshand annahm und damit seinen Durchbruch feierte.

Nebenbei bemerkt: Martin Scorsese ist 1,63 m groß. Und damit zu einem Thema, um das es hier eigentlich gehen soll – um Regisseure. Wenn Sie keine Lust haben auf Obstkisten zu steigen oder Plateauschuhe zu tragen, dann sollten Sie den Schauspielberuf an den berühmten Nagel hängen – und Regisseur werden. Oder warum sollte man sonst Regisseur werden? Der 1,73 m große Elia Kazan stellte fest: „Weil ich gemerkt habe, dass ich als Regisseur mehr Einfluss auf die Gestaltung meines Stoffes nehmen kann. Meine schauspielerischen Ausflüge hatten sicher auch etwas mit jugendlicher Eitelkeit zu tun. Recht bald merkte ich aber, dass ich niemals James Cagney, Humphrey Bogart oder Edward G. Robinson das Wasser reichen konnte. Auch wenn sie recht kleinwüchsig waren, hatten sie einfach das gewisse Etwas, eine unwiderstehliche Leinwandpräsenz. Die hatte ich auch, aber eben nur für Nebenrollen. Können Sie sich den großen Schauspieler Elia Kazan vorstellen? Ich nicht. Regisseur entspricht einfach mehr meinen wirklichen Fähigkeiten."

MAZ ab!

Berühmte Regisseure

Roman Polanski (1,62 m)
Martin Scorsese (1,63 m)
Daryl F. Zanuck (1,68 m)
François Truffaut (1,68 m)
Ernst Lubitsch (1,70 m)
Alfred Hitchcock (1,70 m)
George Lucas (1,70 m)
Steven Spielberg (1,71 m)
Dr. Dieter Wedel (1,72 m)
Elia Kazan (1,73 m)
Ridley Scott (1,71 m)

Falls es auch nicht zum Regisseur reicht, können Sie immer noch beim Fernsehen als Moderator arbeiten. Fernsehen macht Dumme dümmer und Kluge klüger. Und Kleine größer.

Beliebte Fernsehmoderatoren

Johannes Gross (1,62 m)
Wolf von Lojewski (1,72 m)
Fritz Klein (1,67 m)
Thomas Koschwitz (1,72 m)
Friedrich Nowottny (1,67 m)

So viel zum Thema Film und Fernsehen. Die schlechte Bild- und Tonqualität bitten wir zu entschuldigen. Und damit zurück ins Studio.

Musiker & Komponisten

Eine Durchsage in eigener Sache: Hier fliegen gleich die Löcher aus dem Käse. Wir feiern die Party des Jahres. Und ab geht die Luzie!

KLEINE OHRWÜRMER

DER KLEINE MANN IM OHR **(Ulrich Roski)**

LITTLE MAN **(Sonny & Cher)**

EIN KLEINER TEUFEL STECKT IN DIR **(France Gall)**

KLEINER FRATZ **(Herman van Veen)**

PETIT PAPA NOËL **(Mireille Mathieu)**

ZWEI KLEINE ITALIENER **(Conny Froboess)**

Ja, das waren Melodien für Millionen. Da kommt Frohsinn auf. Heute hau'n wir auf die Pauke, ja, wir machen durch bis morgen früh!
Apropos Pauke: Wir präsentieren Ihnen nun die besten Schlagzeuger der Welt. Tusch, Trommelwirbel und hoch die Tassen!

Dolle Drummer

Tico Torres (1,61 m)
Phil Collins (1,67 m)
Ringo Starr (1,67 m)
Lars Ulrich (1,66 m)

Und jetzt kommen noch mal alle Sänger auf die Bühne. Wahnsinn! Einen Riesenapplaus für:

Großartige Sänger

James Brown (1,68 m)
Sonny Bono (1,69 m)
Paul Anka (1,68 m)
Marc Almond (1,68 m)
José Feleciano (1,65 m)
Adriano Celentano (1,72 m)
Chris de Burgh (1,65 m)
Chris Rea (1,71 m)
Eric Burdon (1,70 m)
Bryan Adams (1,71 m)
Neil Sedaka (1,65 m)
Robert Palmer (1,73 m)
David Cassidy (1,69 m)
Little Jimmy Dickins (1,50 m)

Anekdote

Eines Tages wurde Sammy Davis Jr. nach seinem Golf-Handicap gefragt. Seine Antwort: „Ich bin 1,63 m groß, habe nur ein Auge, bin Schwarzer und Jude. Und dann fragst Du mich, was mein Handicap ist!"

Chansonniers & Entertainer

Sammy Davis Jr. (1,63 m)
Frank Sinatra (1,67 m)
Charles Aznavour (1,60 m)
Tony Bennett (1,71 m)
Bing Crosby (1,70 m)

Ladies and Gentlemen, Mesdames et Messieurs, meine Damen und Herren: Ziehen Sie sich warm an und freuen Sie sich auf einen Kessel Buntes mit vielen kleinen Stars. Hau rein, Kapelle!

Deutsche Sänger

Peter Maffay (1,68 m)
G. G. Anderson (1,68 m)
Wolf Biermann (1,68 m)
Paulchen Kuhn (1,70 m)
Daniel Küblböck (1,70 m)
Freddy Quinn (1,70 m)

Wir machen weiter mit Musik. Der Sänger und Pianist Randy Newman hat sich 1977 in seinem Song „Short People" über kleine Männer lustig gemacht.
Alle bitte einmal weghören!

Der 1,83 m große Newman aus Los Angeles singt unter anderem: „Short people got no reason to live. They got little hands and little eyes. They walk around telling great big lies. They got little noses and tiny little teeth. They wear platform shoes on their nasty little feet ..." Das ist ja nicht zum Aushalten!

Das ist doch die Höhe!

Kleine Männer hören am liebsten Bass. Das ist wissenschaftlich erwiesen: Tiefe Töne lassen einen größer erscheinen, hohe Töne kleiner, haben amerikanische Forscher herausgefunden.

Wir können nur dazwischenrufen: „Aufhören!" Und klarstellen, dass der Sänger und Gitarrist Lowell George (1,68 m) aus Los Angeles schon 1969 nach einer flapsigen Bemerkung über seine kleinen Füße die Band „Little Feat" gegründet hat und mit Preisen und Ehrungen nur so überhäuft wurde.

Lange Rede, kurzer Sinn: Kleine Männer verstehen Spaß und besitzen einen Sinn für Selbstironie. Was unsere Theorie bestätigt, dass alle wirklich großen Popstars klein sind.

Singer-Songwriter

Bob Dylan (1,67 m)
Justin Bieber (1,66 m)
Paul Simon (1,60 m)
Jamie Cullum (1,60 m)
Nik Kershaw (1,62 m)
Elton John (1,65 m)
Marc Bolan (1,65 m)
Van Morrison (1,65 m)
James Blunt (1,70 m)

Kleine musikalische Pause und Frage in die Runde: Warum soll man überhaupt ein Singer-Songwriter werden? Und warum ausgerechnet Gitarre?

Der überaus weise und kompetente Paul Simon (1,60 m) hat mal in in einem *SZ*-Interview gesagt: „Weil ich so viel kleiner war als die anderen Jungs in meinem Alter, schauten die Mädchen einfach über mich hinweg. Eines Tages sah ich in der Schule eine Band spielen. Die Jungs sahen nicht gerade toll aus, aber die Mädchen himmelten sie an. Ich wusste, dass ich das auch konnte, also besorgte ich mir eine Gitarre. Und kaum hatte ich die, bemerkten mich die Mädchen."

Fein beobachtet

„Als wir aus Berlin abfahren, um zu unserem Briefkasten zurückzukehren, hätte ich beinahe Wolfgang Niedecken umgelaufen, und das auch noch ohne ihn zu erkennen, weil er wie alle Männer in Wirklichkeit viel kleiner ist.“

(Susanne Fischer in der *taz* am 28.5.2004)

Und die großen Jungs können in der Zwischenzeit alles über ihre Lieblingssänger sammeln.

Das hat auch Eric Pfeil getan, als er sechs oder sieben Jahre alt war – sein Held war der "AC/DC“-Gitarrist Angus Young. In seinem Buch mit dem hübschen Titel „Komm, wir werfen ein Schlagzeug in den Schnee“ notiert Deutschlands bester Musikkritiker: „Auch über ihn sammelte ich jedes Schnippelchen, und seine biografischen und persönlichen Daten werden mir bis zum Anklopfen altersbedingten Vergessens ewig erinnerbar bleiben – so zum Beispiel, dass er nur 1,57 m groß ist und seit seiner Jugend eine Schneidezahnprothese trägt.“

Gut gegeben

„Er sieht aus wie ein Zwerg, der in einen Kübel Schamhaare gefallen ist.“

(Boy George (1,80 m) über Prince)

Sehr verehrtes Publikum: Wir kommen jetzt zum Höhepunkt des Abends – hier kommen die Original Rampensäue aus aller Herren Länder:

Preisgekrönte Rampensäue

Angus Young (1,57 m)
Prince (1,58 m)
Glenn Danzig (1,60 m)
Lowell George (1,68 m)
Fred Durst (1,62 m)
Mick Hucknall (1,64 m)
Mick Jagger (1,73 m)
Michael Jackson (1,68 m)
Klaus Meine (1,68 m)
Lauri Ylönen (1,69 m)
Kurt Cobain (1,70 m)
Lenny Kravitz (1,70 m)
Bo Diddley (1,70 m)
Roger Daltrey (1,65 m)
Joe Strummer (1,73 m)
Nick Zinner (1,70 m)
Noel Gallagher (1,73 m)
Steven Van Zandt (1,70 m)
Eminem (1,72 m)

Und danach ab zur After-Show-Party in diesen kleinen Klub in Minneapolis, wo Prince auch immer hingeht. „Dort wird dann eine Ecke für mich reserviert. Häufig merkt kein anderer Gast, dass ich überhaupt da bin", wundert sich der kleine Prince (1,58 m).

Gut gesagt

„Ich würde mich einfach gerne mal zehn Meter groß sehen."
(Der 1,75 m große Glenn Gould nach einem Konzert zu seiner Garderobenfrau)

Weiter mit Jazz.
„Jazz ist nicht tot, meine Damen und Herren, er riecht nur komisch" (Frank Zappa).
Bitte begrüßen Sie mit einem großen Applaus unsere musikalischen Begleiter:

Musikalische Begleiter

Piano:	Erroll Garner (1,55 m) Fats Domino (1,62 m)
Bass:	Bill Wyman (1,68 m)
Trompete:	Miles Davis (1,69 m)
Trompete und Gesang:	Louis Armstrong (1,67 m)
Klarinette:	Woody Allen (1,65 m)
Schlagzeug:	Billy Cobham (1,72 m)
Produzenten:	Phil Spector (1,66 m) Quincy Jones (1,68 m)

Und jetzt ein ganz anderes Thema: Klassische Musik. Der Dirigent betritt die Bühne, das Orchester erhebt sich.

Geige:	Niccolò Paganini (1,61 m) Isacc Stern (1,65 m)
Trompete:	Adolf Scherbaum (1,55 m)
Tenor:	Josef Schmidt (1,54 m)
Tanz:	Joquin Cortés (1,50 m)

Laut Nowakowski, einem hervorragenden Fachmann auf diesem Gebiet, gibt es nichts auf der Welt, das die Aura der Macht dichter rüberbringt als der Auftritt eines großen Dirigenten.

„Ein erhabener Anblick", so Nowakowski, „wenn der kleine Mann mit dem Taktstock hundert Mann im Griff hat und im Handumdrehen richtig schöne Musik zaubert."

Die drei Dirigenten

1. Daniel Barenboim (1,68 m)
2. Herbert von Karajan (1,69 m)
3. Esa-Pekka Salonen (1,66 m)

So. Unsere kleine musikalische Reise geht allmählich zu Ende. Doch zuvor wollen wir alle großen Komponisten auf die Bühne rufen. Einen donnernden Applaus für:

Berühmte Komponisten

Johann Seb. Bach (1,66 m)
Franz Schubert (1,52 m)
Ludwig v. Beethoven (1,62 m)
Wolfgang Amadeus Mozart (1,56 m)
Maurice Ravel (1, 58 m)
Gustav Mahler (1,62 m)
Richard Wagner (1,66 m)
Frédéric Chopin (1,70 m)
Cole Porter (1,68 m)

Das Leben kann manchmal gut zu uns ein, sagt Nowakowski, der in Fachkreisen einen tadellosen Ruf hat. Wir müssen nur die Musik von Bach hören, denn Bach ist der Beste, betont er und hebt hervor, dass Bach schon zu Lebzeiten zwei Schneidezähne fehlten.

Unser Lieblingsautor Charles Bukowski dagegen bejubelt in seinem streckenweise recht komischen Buch „Den Göttern kommt das große Kotzen" die Musik von Mahler: „Und aus dem Radio etwas von Mahler. Die Leichtigkeit, mit der er durch die Gegend kurvt und viel riskiert. Das muss manchmal sein. Und dann ein langes Power-Crescendo nach dem anderen. Dank dir, Mahler." Sein Wort in Gottes Gehörgang, aber jetzt hat die Musik erstmal Pause.

Sportskanonen & Fußballer

Als Spitzensportler haben Sie es gut. Sie stiefeln über rote Teppiche, hängen gepflegt am Strand auf Sylt mit knusprigen, blutjungen Blondinen ab, schreiben ein Buch über Ihre kometenhafte Karriere und tingeln durch Talkshows.

Das Schönste: Sie stehen als kleiner Mann bei jeder Siegerehrung immer ganz oben auf dem Treppchen. Ihr Weg dorthin ist ganz einfach. Entweder Einzelsport oder Mannschaftssport. Entweder Kampf Mann gegen Mann oder Teamarbeit. Sie haben die Wahl.

Anekdote

Der österreichische Schachgroßmeister Rudolf Spielmann, der in den 1920er-Jahren zur Weltspitze zählte, war eher klein geraten.
Einmal gewann er mit Weiß eine schöne Partie, indem er den Läufer auf h5 opferte.
Hinterher kam ein Journalist und sagte: „Aber Sie hätten einen noch glänzenderen Sieg errungen, wenn Sie den Läufer auf h7 geopfert hätten!"
„Weiß ich", schmunzelte Spielmann, „aber bis dahin reichte mein Arm nicht!"

Diese Einzelsportarten kommen in Frage:

Formel 1:	Rubens Barichello (1,72 m) Cristiano da Matta (1,62 m) Alain Prost (1,60 m) Kimi Räikönen (1,73 m) Tazio Nuvola (1,60 m)
Pferderennen:	Andreas Wöhler (1,68 m) Lester Piggott (1,73 m)
Motorradfahren:	Dirk Raudies (1,62 m)
Speedway:	Egon Müller (1,68 m)
Geräteturnen:	Sepp Zellweger (1,58 m) Andreas Wecker (1,64 m) Fabian Hambüchen (1,63 m)
Gewichtheben:	Viktor Janzky (1,33 m) Naim Süleymanoglu (1,52 m)
Boxen:	Prince Naseem Hamed (1,60 m)
Sportschießen:	Ralf Schumann (1,67 m)
Fechten:	Emil Beck (1,65)
Ringen:	Markus Scherer (1,57 m) Csaba Vadász (1,58 m) Magyatdin Allachwerdijew (1,62 m) Lars Rønningen (1,53 m)
Marathon:	Josia Thugwane (1,57 m) Haile Gebrselassie (1,64 m)
Halbmarathon:	Kim Bauermeister (1,66 m)

Radfahren:	Marco Pantani (1,70 m)
Eiskunstlaufen:	Stefan Lindemann (1,63 m)
Eisschnelllaufen:	Hiroyasu Shimizu (1,62 m)
Rennrodeln:	„Hackl-Schorsch"(1,72 m)
Riesenslalom:	Urs Kälin (1,66 m)
Skispringen:	Adam Malysz (1, 69 m) Jens Weißflog (1,70 m)
Turmspringen:	Jan Hempel (1,68 m)
Tischtennis:	Steffen Fetzner (1,69 m)
Golf:	Ian Woonsman (1,61 m)

Welche Mannschaftssportart ist die beste?

Wir haben vier Sportarten im Angebot. Aber immer hübsch der Reihe nach. Beginnen wir mit dem **Rudern**. Das ist die einzige Sportart, die es einem kleinen Mann erlaubt, mit einem Megaphon rumzubrüllen und große Männer zur Sau zu machen.

Manfred Klein (1,70 m) war jahrelang Steuermann im Deutschland-Achter und hat seine Sache sehr gut gemacht: holte viermal Gold. Und zur Belohnung war er sogar Fahnenträger bei den Olympischen Spielen 1992 in Barcelona, doch gerudert hat er nie, immer nur Kommandos mit der „Flüstertüte" gebrüllt. Schrecklich, oder?

Wir rudern schnell zurück und gehen an Land: **Cricket** ist eine Mannschaftssportart, die vor allem in den Ländern des Commonwealth und im Mutterland England ausgeübt wird. In Australien wurde der 1,62 m große Cricketspieler Sir Donald George Bradman als Held verehrt und wegen seiner präzisen Schläge mit „The Don" abgöttisch geliebt. Sein Name ist in Australien zum Synonym für außergewöhnliche Leistungen geworden. Wenn die Aussies jemanden über den grünen Klee loben wollen, sagen sie „bradmanesque."

Wir machen ein Häkchen an Cricket und kommen nicht ganz überraschend zum **Basketball**. Es lag in der Luft. Hier haben immerhin zwei klein geratene Spieler auf sich aufmerksam gemacht: Erstens Spielmacher David Holston (1,67 m) von den Artland Dragons in Quakenbrück und zweitens Muggsy Bogues aus Amerika. Dieser 1,60 m große US-Basketballer hat jahrelang als Aufbauspieler in der NBA die Fäden gezogen und sich in die vorderste Reihe der Publikumslieblinge gespielt. Aber ziemlich bald wird allen klar, dass Basketball irgendwie doch nicht der wahre Bienenhonig ist. Die Körbe hängen einfach zu hoch.

Für kleine Männer kann es eigentlich nur einen Mannschaftssport geben, der es bringt – **Fußball**. König Fußball. Es gibt wirklich keinen besseren Mannschaftssport. Mit anderen Worten: Elf Freunde müsst ihr sein.

Kleine Männer, oft unterschätzt im bezahlten Fußball, sind wahre Alleskönner. Sie können alles – außer Torwart. Hinten sind sie bissig und zweikampfstark, vorne machen sie alles klar. Sie dribbeln an der Außenlinie mutig und gehen dahin, wo es weh tut. Sie machen als sogenannte „Sechser" vor der Abwehr die Räume zu und erobern den Ball. Sie kombinieren im Mittelfeld technisch fein, schlagen Zuckerpässe und lupfen den Ball. Sie wirbeln als Stürmer jede Abwehr durcheinander und schießen herrliche Tore.

Noch ein Pluspunkt: Kleine Fußballer sind immer Publikumslieblinge. Immer! Der eine bedauert dies, der andere nicht. Gleichzeitig taucht die Frage auf, ob sie als Abwehrspieler nicht doch zu klein sind. „Nein, ich habe keine Probleme mit so großen Gegenspielern", sagt Philipp Lahm (1,70 m), der jeden Stürmer abmeldet, und führt aus: „Ich denke, dass ich viele Vorteile habe als kleinerer Spieler. Ich bin wendiger, meine Geschwindigkeit ist ganz gut", heißt es im *Tagesspiegel.* „Aber es gibt auch Nachteile. Zum Beispiel mein Kopfballspiel", sagt er mit Bedauern. Gegen diese Schwäche hilft das Training an einem Kopfballpendel, lautet der Rat von Uwe Seeler (1,68 m), der die Situation so

KLEINES QUIZ GEFÄLLIG?

Wie nennt man die japanische Fußball-Nationalmannschaft?

Antwort: Elf Meter.

DIE KLEINE WELT-ELF

René „El Loco" Higuita (1,75 m)

Roberto Carlos (1,67 m) Edgar Davids (1,69 m) Lizarazu (1,69 m)

Sneijder (1,69 m) Messi (1,69 m) Maradona (1,68 m)

Keegan (1,68 m) Romário (1,69 m) Ruben Sosa (1,69 m) Zola (1,64 m)

Ersatzspieler: Alain Simonsen (1,68 m), Gilbert Gress (1,68 m), Fleming Lund (1,68 m), Franck Ribéry (1,70 m), Michael Owen (1,72)

Trainer: Javier Clemente (1,57 m)

Co-Trainer: Dick Advocaat (1,70 m)

zusammenfasst: „Meine fehlende Körpergröße, Dieter überragte mich um einen ganzen Kopf, glich ich durch Sprungkraft aus. Und zwar um zwei Köpfe." Uwe Seeler konnte aus jeder Lage den Ball ins Tor bugsieren, besonders mit dem Kopf, und hat in seiner Karriere über tausend Tore geschossen. Legendär ist sein Tor mit dem Hinterkopf zum 2:2 gegen England (1970), das alle Welt stark verblüffte, besonders aber den englischen Keeper Peter Bonetti.

Ganz wichtig: Kleine Männer sind immer bis in die Haarspitzen motiviert und dafür geschaffen, alles zu gewinnen. Sie hassen es, zu verlieren. Sie wollen immer an die Tabellenspitze marschieren und sonst gar nix. Sie besitzen nun mal das Sieger-Gen, kein Kraut gegen gewachsen.

Bestes Beispiel dafür ist Spanien, das den Fußball in dieser Saison nach Belieben beherrscht. Die spanische Nationalmannschaft ist aktuell sowohl Weltmeister als auch Europameister. Seine Vormachtstellung verdankt das Land unter anderem diesen zwei großen Ballkünstlern: Hernandez Xavi (1,70 m) und Andrés Iniesta (1,70 m), der auch als der beste Fußballer der Welt gilt. Beide sind in Diensten des FC Barcelona, dem überragenden Team in der Europa League. In Barcelona spielt auch der argentinische Nationalspieler Lionel Messi, der überirdische Fähigkeiten besitzt und Verteidiger zur Verzweiflung bringt. Schwer beeindruckt ist immer noch Daniel Schwaab. Der Innenverteidiger von Bayer 04 Leverkusen beschreibt seine Erfahrungen mit dem schmächtigen Wunderkicker des FC Barcelona so: „Wenn du ungestüm draufgehst, lässt er dich alt aussehen, wenn er sich ganz komisch in dich reindreht, lässt er dich ins Leere laufen." Weiterspielen!

Niemand kann Lionel Messi stoppen. Er ist selbstverständlich auch der Topverdiener unter den Weltstars im Fußball: Mit 33 Millionen Euro verfügte der 1,69 m große argentinische Weltfußballer des FC Barcelona laut einer Auflistung von *France Football Magazine* über die höchsten Einnahmen im Jahr 2011.

Auch zwei Akteure vom deutschen Rekordmeister FC Bayern München haben Freude am Geldverdienen:

Bastian Schweinsteiger (1,82 m) wird auf Rang zwölf geführt mit einem geschätzten Jahreseinkommen von 13,2 Millionen Euro, Philipp Lahm (1,70 m) steht auf Platz vierzehn mit 12,9 Millionen Euro. Ja, als Fußballspieler verdient man irre viel Geld.

Unser Fazit: Fußball ist unser Leben, aber Geld schießt keine Tore. Und hier kommt die deutsche Mannschaft, die alles gewinnen kann:

DIE DEUTSCHE ELF

Gerhard Heinze (1,76 m)

Vogts (1,68 m) Landgraf (1,66 m) Stiller (1,67 m) Lahm (1,70 m)

Manfred Schwabl (1,70 m) Dariusz Wosz (1,68 m) Thomas Häßler (1,66 m)

Calle Del'Haye (1,68 m) Uwe Seeler (1,69 m) Pierre Littbarski (1,68 m)

Ersatzspieler: Lumpi Spöhrl (1,70 m), Olaf Thon (1,70 m), Horst Heldt (1,69 m), Rainer Budde, (1,69 m), Ulf Kirsten (1,70 m), Norbert Meier (1,73 m), Oliver Neuville (1,71 m)

Trainer: Sepp Herberger (1,67 m)

Co-Trainer: Horst Ehrmanntraut (1,67 m)

Torwart-Trainer: Dettmar Cramer (1,60 m)

Und noch ein Vorteil: Kleine Fußballer müssen beim Training nie die große Tasche mit den Bällen tragen.

Komiker & Käuze

Sehr erstaunlich ist ja nun wieder, dass die meisten Komiker klein sind. Der 1,68 m große Dirk Bach merkt stolz an: „Ich bin sicher, dass ich gegenüber meinen normal statuierten Kollegen einen Vorteil habe durch mein Erscheinungsbild, zumindest im komödiantischen Fach." Das unterschreibt der deutsche Philosoph Immanuel Kant (1,52 m) folgendermaßen: „Einem kleinen dicken und fetten Mann steht das Lachen sehr gut an, daher man auf dem Theater zu einer lächerlichen Rolle gerne einen kleinen und dicken Mann nimmt, indem er schon durch seine Statur gleichsam per Sympathie zum Lachen reizt."

Davon kann auch der beliebte deutsche Komiker Bernhard Hoëcker (1,59 m) ein Lied singen: „Mein Körperwuchs ist inzwischen zu einer Art Image oder Branding geworden", sagte er in einem *Focus*-Interview und unkte: „Sehr unwahrscheinlich, dass ich mal James-Bond-Darsteller werde. Und bei Rosamunde Pilcher wäre ich nie der Held."

Ein schwacher Trost ist, dass es früher genauso war. Der unverwüstliche Hans Moser aus Österreich, diesem „kotelettförmigen Land" (Bernd Eilert), teilt in seinen Memoiren mit, dass er im Jahr 1903 an das angesehene Josef-Theater in Wien berufen wurde und gerne Liebhaber-Rollen gespielt hätte, die ihm aber auf Grund seiner Körpergröße von 1,54 m verwehrt wurden, sodass er weiter als Komiker auftreten musste. Es sollte sein Schaden nicht sein, wie die Geschichte gezeigt hat.

Gerade was auf den ersten Blick so spielerisch leicht aussieht, ist harte Arbeit und alles andere als ein Spaß.

Wichtig: „Bei der Komik muss jedes Detail stimmen. Bei der Tragödie kommt es nicht so genau darauf an" (Loriot).

Und das sind die Grandseigneurs des Humors:

Legendäre Komiker

Charlie Chaplin (1,60 m)
Buster Keaton (1,65 m)
Louis de Funès (1,63 m)
John Belushi (1,69 m)
Mel Brooks (1,61 m)
Danny de Vito (1,52 m)
Peter Sellers (1,73 m)
Stan Laurel (1,73 m)
Ernst Lubitsch (1,70 m)
Loriot (1,73 m)

Doch worüber lacht nun der Mensch? „Nichts ist komischer als das Unglück", schlägt Samuel Beckett vor, während Sir Peter Ustinov sachlich-nüchtern feststellt: „Was schiefgeht, ist immer komisch." Na, wundervoll.

Filmregisseur Preston Sturges bringt die Sache auf den Punkt: „Am allerbesten ist es, wenn jemand auf den Arsch fällt." Es ist eine merkwürdige Tatsache, dass das alle lustig finden. Das nennt man wohl Schadenfreude. Aber wie heißt es so schön: Schadenfreude ist die beste Freude. Anders formuliert: Wer den Schaden hat, den beißen auch noch die Hunde.

Begnadete Alleinunterhalter

Woody Allen (1,65 m)
Jerry Lewis (1,71 m)
Jack Benny (1,73 m)
Otto Waalkes (1,69 m)
Bernhard Paul (1,65 m)
Charlie Rivel (1,55 m)
Jackie Mason (1,65)

Beherrschendes Thema: Was soll ich nur anziehen? Früher trugen Hofnarren bei der Arbeit einen Buckel, doch was trägt der Komiker von heute?

Was man braucht, um ein erfolgreicher Komiker zu werden:

Blümchenhemd:	Hennes Bender (1,60 m)
Hawaiihemd:	Jürgen von der Lippe (1,72 m)
gestreifte Hosen:	Wigald Boning (1,68 m)
viel zu weite Hosen:	Charlie Chaplin (1,60 m)
dunkelblaues Sakko:	Herbert Feuerstein (1,65 m)
Melonenhut:	Charlie Chaplin (1,60 m) Stan Laurel (1,73 m)
künstlichen Schnurrbart:	Groucho Marx (1,71) Charlie Chaplin (1,60 m)
Glubschaugen:	Marty Feldman (1,73 m)
rote Clownsnase:	Charlie Rivel (1,55 m) Bernhard Paul (1,65 m)
breites Grinsen:	Oliver Pocher (1,73 m) Dirk Bach (1,68 m) Roberto Benigni (1,68 m)
Spazierstock:	Charlie Chaplin (1,60 m)
markanten Sprachfehler:	Hans Moser (1,54 m) Ingo Oschmann (1,70 m) Heinz Schenk (1,70 m) Emil (1,70 m)
sächsischen Dialekt:	Eberhard Cohrs (1, 56 m)

Heiterkeit und Wehmut zugleich können Sie erregen, wenn Sie Witze (gerne auch gute) über Ihre eigene Körpergröße machen.

Komiker, die Witze über die eigene Körpergröße machen

Bernhard Hoëcker (1,59 m)
Wigald Boning (1,68 m)
Ralf Schmitz (1,68 m)
Dirk Bach (1,68 m)
Volker „Zack" Michalowski (1,56 m)

Sie können auch den Trick von Louis de Funès (1,63 m) anwenden, um die Leute zum Lachen zu bringen: mit gespreiztem Zeige- und Mittelfinger der rechten Hand auf ihre Augen zeigen und dabei brüllen: „Wenn Sie mit mir reden, sehen Sie hier rein. Immer hier reinsehen!"

Die große Frage aber lautet: Kann man ganz ohne Tricks und Accessoires ein erfolgreicher Komiker werden? Die kurze Antwort: Man kann.

Superheißer Tipp von Gerhard Polt, der nicht nur wegen seiner Körperlänge von 1,90 m zu den größten deutschen Komikern gehört: „Ich bin eine Zeit lang in Altötting aufgewachsen, was sehr günstig ist, wenn man Komiker werden will."

Wer nicht das Glück hat, in einem stramm katholischen Wallfahrtsort in Bayern groß zu werden, muss seinen Glauben wechseln und – zum Judentum übertreten. Jawohl! Viele Juden sind erstklassige Komiker geworden und umgekehrt.

Jüdischer Humor ist das Lachen über sich selbst. Hier eine kleine, aber feine Auswahl:

Jüdische Komiker

Woody Allen (1,65 m)	Groucho Marx (1,71 m)
Buster Keaton (1,65 m)	Jerry Lewis (1,71 m)
Charlie Chaplin (1,60 m)	Marty Feldman (1,73 m)
Ernst Lubitsch (1,70 m)	

Der deutsche Kabarettist Horst Schroth (1,70 m) glaubt indessen: „Ansonsten ist die Kombination Kleinfamilie – Kleinbürger der beste Garant für eine Karriere als Kabarettist."

Noch mehr Komiker

Heinz Rühmann (1,65 m)	Eberhard Cohrs (1,56 m)
Herbert Feuerstein (1,65 m)	Emil Steinberger (1,70 m)
Dudley Moore (1,55 m)	Horst Schroth (1,70 m)
Jürgen v. d. Lippe (1,72 m)	Robin Williams (1,73 m)
Roberto Benigni (1,68 m)	Rob Schneider (1,63 m)
Hennes Bender (1,60 m)	Harry Shearer (1,67 m)

Bevor hier gleich Schluss mit lustig ist, gibt es wie immer noch einen gespielten Witz. In der Hauptrolle ist der 1,67 m große Frank Sinatra zu sehen.

LIEBLINGSWITZ

Herr Löffler hat kein Glück bei Frau Jabbelmann. Er versucht alles Mögliche, Frau Jabbelmann beißt nicht an. Eines Tages tritt Frank Sinatra in der Stadt auf. Herr Löffler geht mit Frau Jabbelmann zum Konzert. Irgendwie gelingt es ihm, sich in die Garderobe von Frank Sinatra zu schmuggeln. Herr Löffler erzählt Fränkieboy sein Problem und bittet ihn, nach dem Konzert wie zufällig an seinem Tisch vorbeizukommen und ein herzliches „Hällo Mister Löffler" zu rufen. Das würde bei Frau Jabbelmann Eindruck machen. Sinatra willigt ein und begibt sich tatsächlich nach der Show zu Löfflers Tisch und sagt: „Hällo Mister Löffler." Der ganze Saal starrt auf Löffler. Und der erwidert: „Hau ab, du Schnulzenfuzzi!"

Maler & Prahler

Machen Sie Ihr Hobby zum Beruf. Fangen Sie an zu malen. Um es vorweg zu sagen: Sie benötigen keinerlei Vorkenntnisse, sondern nur Leidenschaft sowie Freude am Malen. Klar ist auch: „Kunst ist schön, macht aber viel Arbeit" (Karl Valentin). Der schmächtige und mächtige Aktionskünstler Joseph Beuys hat die Devise ausgegeben: „Jeder ist ein Künstler."

Das Tolle daran ist: Alle großen Künstler waren oder sind kleine Männer.

Geniale Maler

Pablo Picasso (1,62 m)

Henri de Toulouse-Lautrec (1,52 m)

Andy Warhol (1,68 m)

Adolph Menzel (1,40 m)

Vincent van Gogh (1,70 m)

Salvador Dalí (1,70 m)

Jörg Immendorf (1,72 m)

Anekdote

Ein Besucher, der über Picassos Malerei rätselte, fragte verzweifelt, welche Botschaft er mit seinen Bildern ausdrücken wolle. „Ich überbringe keine Botschaft", schmunzelte Picasso. „Ich bin Maler, kein Postbote."

Je nachdem, wo Ihre Talente liegen, können Sie Ihrer Kreativität freien Lauf lassen.

Vorbilder gibt es genug:

Andere Künstler

Architektur:	Richard Buckminster Fuller (1,57 m)
Humor & Cartoon:	Uli Stein (1,70)
Fotografie:	Francesco Scavullo (1,65 m)
Akt-Modell:	Joe Dallesandro (1,52 m)
Modedesign:	Ralph Lauren (1,67 m) Karl Lagerfeld (1,72 m)
Zaubertricks:	Harry Houdini (1,65 m)

Dichter & Denker

Zu etwas völlig anderem: Möchten Sie Schriftsteller werden? Nehmen Sie sich ein Beispiel an Charles Bukowski. Er hat seinen ersten Roman „Der Mann mit der Ledertasche" in zwanzig Tagen geschrieben. – Auflage eine Million. Schriftsteller zu werden ist wirklich nicht schwer, aber sauschwer ist es, sich eine gute Geschichte auszudenken mit den dazugehörigen Figuren. Auf eine wahnsinnig wichtige Kleinigkeit weist uns der 1,70 m große britische Schriftsteller W. Somerset Maugham in seinem „Notizbuch eines Schriftstellers" liebenswürdigerweise hin: „Manche Schriftsteller scheinen sich nicht bewusst zu sein, wie wichtig die körperlichen Eigenschaften sind. Offenbar entdeckten sie nie, dass der Einfluss des Äußeren auf den Charakter sehr groß ist. Die Welt stellt sich einem kleingewachsenen Mann ganz anders dar als einem Mann von einem Meter fünfundachtzig." Ja, so sieht's nun mal aus.

Ein Paradebeispiel für diese vorbildliche Haltung ist der Roman „Kleiner Mann – was nun?" von Hans Fallada.

Dass eine geringe Körpergröße zu literarischen Meisterwerken beflügelt, dafür gibt es Beispiele zuhauf. Wenn Sie bitte mal schauen wollen:

Deutsche Dichter

J. W. von Goethe (1,69 m)	Heinrich Heine (1,60 m)
Karl May (1,66 m)	G. Chr. Lichtenberg (1,50 m)
Bertolt Brecht (1,67 m)	Erich Kästner (1,68 m)
Kurt Tucholsky (1,67 m)	Gottfried Benn (1,68 m)
Gottfried Keller (1,48 m)	Günter Grass (1,70 m)

Amüsant ist, was der große russische Schriftsteller Alexander Solschenizyn dazu gesagt hat: „... ein großer Schriftsteller (...) ist so etwas wie eine zweite Regierung. Darum hat auch keine Regierung je die großen Schriftsteller geliebt, sondern nur die kleinen."

Astreine ausländische Autoren

Honoré de Balzac (1,65 m)	William Faulkner (1,67 m)
Cyrano de Bergerac (1,55 m)	F. Scott Fitzgerald (1,70 m)
Marquis de Sade (1,60 m)	W. S. Maugham (1,70 m)
G. D'Annunzio (1,64 m)	W. Shakespeare (1,71 m)
John Keats (1,54 m)	Frank Harris (1,65 m)
James M. Barrie (1,50 m)	David Sedaris (1,70 m)
Alexander Pope (1,37 m)	Ken Follett (1,70 m)
Truman Capote (1,60 m)	

Kleine Männer sind einfach genial. Da gibt es überhaupt kein Vertun. Der britische Sexualforscher und Sozialreformer Havelock Ellis bringt es auf den G-Punkt: „Geniale Männer sind in der Regel von kleiner Statur und massigem Gehirn, das sind auch die beiden Hauptmerkmale des Kindes, und ihr allgemeiner Gesichtsausdruck wie ihr Temperament erinnern an das Kind." Wer hätte das gedacht?

Große Denker

Immanuel Kant (1,52 m)
Voltaire (1,60 m)
Jean-Paul Sartre (1,57 m)
Albert Einstein (1,71 m)
Richard Buckminster Fuller (1,57 m)

Zurück zum Text. Viele sagen, Schreiben sei ausschließlich eine Frage des Talents. Das ist Quatsch mit Anlauf. Nach wie vor gilt die Maxime des großen englischen Literaten Kingsley Amis, dem Verfasser des Klassikers „Anständig trinken": „Die Kunst des Schreibens besteht in der Kunst, seinen Hosenboden mit einer Sitzfläche in Verbindung zu bringen."

SHORTLIST FÜR DEN DEUTSCHEN BUCHPREIS

Der kleine Bruder (Sven Regener)
Das kleine Arschloch (Walter Moers)
Der kleine Muck (Wilhelm Hauff)
Der kleine Prinz (Antoine de Saint-Exupéry)
Kleiner König Kalle Wirsch (Tilde Michels)
Der kleine Vampir (Angela Sommer-Bodenburg)
Der achte Zwerg (Ross Thomas)
Little Big Man (Thomas Berger)

Wenn Sie gerade keine Lust auf Romane schreiben haben, dann können Sie auch Gedichte schreiben, wie F. W. Bernstein:

> Erwin aus der Unterschicht
> Liebt die Oberklasse nicht.
> Doch vom Chef die Tochter
> Sah er gern und mocht er.

Die Sache hat einen Haken: „Ich muss abliefern, du musst abliefern, alle müssen abliefern“, sagt Gurki im Roman „Fleisch ist mein Gemüse“ von Heinz Strunk auf Seite 53 und erklärt: „Manchmal ist das schön, manchmal ist das nicht so schön. Am Ende fragt man dich nur, ob du geil abgeliefert hast.“ Wenn man jedoch geil abgeliefert hat, dann führt man ein glamouröses Leben.

Drei berühmte Beispiele: Karl May (1,66 m), der erfolgreichste deutsche Schriftsteller aller Zeiten, residierte in der „Villa Shatterhand“ in der Nähe von Dresden und empfing überraschenden Besuch im nilgrünen Hausmantel aus Seidenbrokat. Wie lässig ist das denn?

Balzac (1,65 m) war neben seiner literarischen Aktivität auch noch ein Lebemann mit Kutsche, Landsitz und ständig wechselnden Geliebten und hastenichgesehen. Außerdem trank er fünfzig Tassen Kaffee am Tag, während F. Scott Fitzgerald (1,70 m) beifallumtost seine Cocktails nicht selten auf dem Dach eines fahrenden Taxis zu sich nahm. Sagen wir es ganz offen und ehrlich: Schriftsteller sind echte Schluckspechte, halt: Glückspilze.

Kleine Männer in der Literatur

Sie krauste die Stirn und versuchte, sich zu erinnern. „Er war etwa einsfünfzig groß und irgendwie merkwürdig angezogen. Ich meine, für Kalifornien. Er trug einen dieser altmodischen Pfeffer-und-Salz-Anzüge mit Weste und Fliege und drückte sich sehr gepflegt aus. Nur klang er gekünstelt, als hätte er es sich selbst beigebracht. Verstehen Sie, was ich meine? (zitiert nach: Thomas, Ross: Schreie im Regen. Frankfurt a. M.; Berlin; Wien 1992)

Darker war wie viele einflußreiche Leute ein kleiner Mann, hohlwangig und mit tiefliegenden Augen, ruhigen Augen. Meist trug er knallblaue Anzüge und breite Manschetten und an diesem Abend auch noch dunkelbraune Wildlederschuhe, die seinem Galgenlächeln einen Hauch von Ascot verliehen. (zitiert nach: Le Carré, John: Der Nachtmanager. Köln 1999)

Für einen Mann, der gerade mal 1 Meter 50 maß und dessen Stirn bis zum Hinterkopf reichte, war es nicht einfach, flott auszusehen, aber Avel Ames schaffte es. (zitiert nach: Landvik, Lorna: ‚Patty Janes' Frisörsalon. München 1997)

Er war schlank und, wie die meisten Männer, kleiner als Oscar, vielleicht einssiebzig. Er trug eine schwarze Hose und einen gutgeschnittenen, taillierten Gehrock. Er hatte keinen Hut auf, was hier im Westen ungewöhnlich war, wo die Männer ihre Köpfe vom Aufstehen bis zum Schlafengehen bedeckt hielten, möglicherweise noch länger." (zitiert nach: Satterthwait, Walter: Oscar Wilde im Wilden Westen. Zürich 1996)

Neben dem Wachtmeister saß Godofrey, der, wie viele kleine Männer, übertrieben elegant gekleidet war. Aber das störte Studer nicht weiter. Im Gegenteil, die Nähe des Zwergleins, das eine wandelnde Enzyklopädie der kriminalistischen Wissenschaft war, wirkte tröstend und beruhigend. (zitiert nach: Glauser, Friedrich: Studer ermittelt. Frankfurt am Main 2009)

Ich wachte auf und sah den Typen am Fußende des Bettes sitzen. Zu voller Größe aufgerichtet, hätte er es vielleicht auf 1,55 Meter gebracht. Er hatte ein schweinsrosa Gesicht, winzige Ohren und Osterhasenaugen mit dem Glanz fettarmer Milch. Eine Säufernase mit einem Flußdelta von Äderchen überragte alle anderen Kennzeichen seines Gesichtes. Es war eine Nase, auf die jeder Schnapsbruder aus Mississippi stolz gewesen wäre. Ein Streifen rotes Haar zog sich um den Rand seines Schädels. (zitiert nach: Barrett Jr., Neal: Pink Vodka Blues. Zürich 1994)

Rechtsanwalt Anastas war klein und kräftig. Alles an ihm war braun. Der Lockenkranz, der sich um die Halbglatze legte, die Brille auf der Stupsnase, der Anzug, die Schuhe, die Fingernägel. Die Krawatte hing ihm wie ein nasses Handtuch um den Hals. (zitiert nach: Arjouni, Jakob: Mehr Bier. Zürich 1987)

Ein sehr kleiner Mann", sagte er, „mit einem Beutel, der nach Lebensmitteln aussah. Er sagte, er hätte 'nen Schlüssel zur Wohnung des Richters, und in dem Beutel wären Dokumente, die er für den Richter reinbringen soll. Sah komisch aus. Klein, wie schon gesagt. Deutlich unter einssechzig, rund und fett. Außerdem war er potthäßlich und hatte 'ne komische Nase, ein Nasenloch doppelt so groß wie das andere. Die Nase konnte man einfach nicht übersehen, weil sie nach oben gedreht war und einen richtig anguckte. Na ja, er hatte jedenfalls einen Schlüssel und gab mir einen Zwanziger, da hab ich ihn vorbeigelassen. (zitiert nach: Thomas, Ross: Gottes vergessene Stadt. Berlin 2006)

Ach, ich kann kleine Männer nicht ausstehen und will mich auch nicht weiter über sie auslassen, möchte jedoch beiläufig erwähnen, dass auch mein Bruder Richard klein ist. Er hat kleine Hände, kleine Füße, schmale Hüften, kleine Kinder, eine kleine Frau, und wenn er zu unseren Cocktailpartys kommt, sitzt er immer auf einem schmalen Stuhl. Wenn man eins seiner Bücher in die Hand nimmt, findet man stets seinen Namen „Richard Norton“ in seiner kleinen Handschrift auf dem Vorsatzblatt. Meiner Ansicht nach umgibt ihn eine abstoßende Aura des Kleinen. (zitiert nach: Cheever, John: Der Schwimmer. Köln 2009)

Ich fuhr herum, und da stand er: ein kleiner, hohlwangiger Herr mit dünnem rotblondem Haar und dem Tick, den Kopf beim Sprechen immer leicht zur Seite zu rucken, als säße ihm eine Fliege im Gesicht. Er trug einen grauen Dreiteiler. Aus der Weste hing eine silberne Uhrkette, und um den Kragen war eine dunkelblaue Seidenkrawatte gebunden. Die Arme verschränkt, den rechten Fuß leicht vorgeschoben, im Gesicht den Ausdruck gelassener Kampfbereitschaft, wirkte er gegen den rotbraunen Hintergrund der Bücherwand wie ein etwas zu kurz geratenes Herrscherportrait – Eberhard Schmitz, der König vom Bahnhofsviertel. (zitiert nach: Arjouni, Jakob: Ein Mann, ein Mord. Zürich 1991)

Duffy stand bereits am anderen Ende des Zimmers nackt am Telefon. Er war ein untersetzter, stämmiger Mann mit kräftigen Unterarmen und Hinterschinken; seine ausgewachsene Bürstenfrisur ließ seine Körperlänge knapp zwei Zentimeter größer erscheinen. (zitiert nach: Kavanagh, Dan: Duffy. Zürich 1988).

Er sah durchtrainiert aus, tief gebräunt, mit einem kräftigen Nacken und muskulösen Unterarmen. Er trug ein grünes Lacoste-Polohemd, ausgewaschene Levi's Jeans und blaue Tiger-Turnschuhe mit kreuzweise geschnürten grünen Senkeln. Sein charaktervolles Gesicht war wie aus Stein gemeißelt, mit einem Grübchen in jeder Wange und einem im Kinn. Die braunen, von der Sonne etwas ausgebleichten Haare trug er ziemlich lang und zurückgekämmt. Kurz gesagt, er war männlich und eindrucksvoll. Nur hatte alles Miniaturformat. Rafferty konnte nicht größer sein als höchstens einen Meter sechzig, und er wog bestenfalls hundertvierzig Pfund. (zitiert nach: Parker, Robert B.: Licht auf Dunkelmänner. Franfurt/M.; Berlin; Wien 1983)

Kurz darauf trat Herr Schöller ins Zimmer. Professor Schöller. Stellvertretender Schuldirektor Schöller. Der laufende Meter Schöller. Fast alles an ihm war klein oder kurz, bis auf die Lehrertasche und den Cordanzug. Über den Schuhen schlugen die Hosenbeine Falten, und aus den Ärmeln schauten nur Fingerspitzen. Um seinem Gesicht Fülle zu geben, trug er einen Backenbart; und damit niemand auf die Idee kam, dahinter könnte eitle Absicht stecken, ließ er ihn wild und ungepflegt wuchern. Ebenso die dunkelblonden, leicht gewellten Haare. (zitiert nach: Arjouni, Jakob: Magic Hoffmann. Zürich 1996)

Bartak stand auf. Er war kleiner, als ich erwartet hatte, und das mochte der Grund sein, weshalb er sich nicht er-

hoben hatte, als wir in sein Büro kamen. (zitiert nach: Thomas, Ross: Kopfpreis eine Million. Ullstein 1985)

Wenn der große Häuptling stand, war er nicht mehr groß. Im Gegenteil, er wirkte eher klein. Deshalb hielt er sich ganz gerade und wirkte ein bißchen wie ein sandiger Taschen-Napoleon. Bernie wußte, daß er manchmal sogar hochhackige Schuhe anzog. Und so reckte er sich jetzt in der Mitte des Raumes hoch auf. (zitiert nach: Schwanitz, Dietrich: Der Campus. Frankfurt am Main 1995)

Senator Joseph Luis Emilio Ramirez sah größer aus, als er in Wirklichkeit war, vermutlich wegen seiner kerzengeraden Haltung und der hervorragend geschnittenen Nadelstreifenanzüge, die er bevorzugte. (zitiert nach: Thomas, Ross: Schutzwall. Berlin 1968)

Harold kam herein. Er war mager, einsfünfzig groß, achtundsechzig Jahre alt. Nelson war dreißig Jahre jünger. Beide waren Schriftsteller, aber sie schrieben nur Gedichte. Ihre Bücher verkauften sich schlecht, und wie sie über die Runden kamen, blieb ein Geheimnis. (zitiert nach: Bukowski, Charles: Poeten unter sich. München 1995)

Kramer ließ mich neben dem Topfbaum mit einem Bier und Berliner zurück. Ein Mann von ungefähr einsfünfundsechzig kam genau auf uns zu. „Mal kosten?" In seiner Hand lagen zwei braune, von Speichel glänzende Marihuanas. Ich lehnte ab. Berliner sagte mit angsterregender Liebenswürdigkeit „Danke, danke" und nahm beide Zigaretten. Wir lachten. (zitiert nach: Michaels, Leonard: Der Männerclub. Reinbek bei Hamburg 1984)

Dann erschien Doktor Benito. Er kam durch den Haupteingang herein, und die Journalisten traten beiseite, um ihm Platz zu machen. William sah ihn zum ersten Mal. Er war klein und energisch und selbstbewußt, mit stechenden Knopfaugen in einem pechschwarzen Gesicht; er trug einen tadellosen schwarzen Anzug, und seine Zähne waren blendend weiß; er hatte eine kleine Aktentasche; im Aufschlag seiner Jacke trug er den Knopf des Ishmaelia-Sterns Vierter Klasse. Als er durch die Versammlung ging, verstummten die Journalisten. Es war, als ob plötzlich in einer Klasse ungezogener Mädchen die Lehrerin auftauchte. Er trat zum Tisch des Vorsitzenden, schüttelte Pappenhacker die Hand und pflanzte sich vor den Zuhörern auf. (zitiert nach: Waugh, Evelyn: Der Knüller. Zürich 2003)

Ich bin schon früh dahintergekommen, daß die Leute leichter über meine körperliche Kleinigkeit hinwegsehen, wenn ich mich sprachlich groß gebärde. (zitiert nach: Roth, Philip: Sabbaths Theater. München 1996)

Er war ein kleiner, betriebsamer Mann mit den Augen eines Schelms und dem Mundwerk eines Kobolds. Der Mund schien unbegrenzt plappern zu können. (zitiert nach: Thomas, Ross: Gelbe Schatten. Berlin 2012)

Ich sag's dir, Mann, ich hab ganz genau jetzt die Nr.-1-Rhythm-and-Blues-Scheibe. Ich bin so heiß wie 'ne Ladung Dynamit, Geld spielt keine Rolle", sagte Johnny, ein gutaussehender Mann mit schokoladenfarbener Haut, einssiebzig groß und mit sehr langen Gliedmaßen. Also gab ich ihm den Termin, am Freitag in zwei Wochen sollte er wiederkommen. Johnny rauschte in seinem neuen Cadillac ab, eine Sonderanfertigung für ihn, alles in lila und cremefarbenen Tönen, ein schönes Auto. (zitiert nach: Cooder, Ry: In den Straßen von Los Angeles: Berlin 2012)

Golds Vater war knapp einssechzig groß und das Opfer überraschender Anfälle von Weisheit. „Geld regiert die Welt!", schrie er etwa ganz unerwartet und absolut unmotiviert, und seine zweite Frau fügte gleich ganz andächtig hinzu: „Ihr solltet immer auf euren Vater hören." (zitiert nach: Heller, Joseph: Gut wie Gold. Frankfurt am Main 1995)

Er war schwer von Begriff und noch dazu prahlerisch, wie es nur ein kleiner Mann sein konnte. (zitiert nach: Dodge, David: Über den Dächern von Nizza. Zürich 1990)

Er stand auf, wippte wieder auf den Fußspitzen, um größer zu wirken. Sein Gesicht war eine Studie in Abscheu, aber ich hatte mich beinahe schon daran gewöhnt, in dieser Weise angesehen zu werden.“ (zitiert nach: Thomas, Ross: Kopfpreis eine Million Dollar. Frankfurt a. M.; Berlin; Wien 1985)

Rudi der Arsch. Unglaublich, was der sich alles so zusammenspinnt, dieser sprottenmagere Althippie, Gelegenheitsgitarrist, Kurier- und Taxifahrer, Trinker, Trickser, Zocker, Gaukler und Lügenbaron mit fettigen Haaren und Säuselstimme von Kiffern der ersten Stunde. Hundertsiebenundfünfzig Zentimeter Hansdampf in allen Gassen. Hundertsiebenpfündiger Tausendsassa, unglaublich kregel für seinen Lebenswandel, faul, geil und geschwätzig. Ein Spinner vor dem Herrn. (zitiert nach: Schulz, Frank: Morbus fonticuli oder Die Sehnsucht des Laien. Zürich 2001)

Jedesmal wenn ich eine solch weite Fläche betrachte und von den 1,70 m Körpergröße und den 61 kg Gewicht abse-

he, aus denen meine Physis besteht, habe ich ein ausgeprägt metaphysisches Lächeln für all jene übrig, die träumen, daß der Traum Traum sei, und ich liebe die Wahrheit der absoluten Außenwelt mit der edlen Kraft des Verstandes. (zitiert nach: Pessoa, Fernando: Das Buch der Unruhe. Zürich 2003)

Weil es so schön ist, sich zu sagen, man könnte eventuell noch wachsen, finde ich den Glauben, ich sei klein, angenehm. (zitiert nach: Walser, Robert: Lektüre für Minuten. Frankfurt a.M. 1978)

Jeds geringe Körpergröße erleichterte es ihm zudem, eine Unterwerfungshaltung einzunehmen, die im Allgemeinen von Kulturreferenten sehr geschätzt wurde – wie auch von so ziemlich allen anderen. (zitiert nach: Houellebecq, Michel: Karte und Gebiet. Köln 2001)

Vorm Theater spricht mich ein kleiner Buchhalter-Typ an, den ich nicht sofort erkenne: Biermann. (zitiert nach: Raddatz, Fritz J.: Tagebücher 1982 – 2001. Reinbek bei Hamburg 2010)

Alles halb so wild", sagte er noch einmal und sah Ukridge gehässig an. Sein Kommen rief große Aufregung hervor. Mr. Price, der bis dahin Ukridges Schulter mit dem stummen Mitgefühl des Kraftmenschen geknetet hatte, richtete sich zur vollen Größe seiner einsfünfundsechzig auf. (zitiert nach: Wodehouse, P. G.: Die Hunde-Akademie und andere Stories. München 1981)

Terry McQuinn war eins fünfundsechzig groß. Er hatte leuchtend blaue Augen und braune Locken und kannte außer J. R. R. Tolkien nicht viel im Leben, was für ihn einen Sinn ergab. Es war tatsächlich schon vorgekommen, dass man ihn mit einem Hobbit verglich. Je nach Alkoholpegel konnte man sich dann bei ihm auch schon mal ein gebrochenes Nasenbein abholen. (zitiert nach: Depp, Daniel: Stadt der Verlierer. München 2011)

Ich will die Colabombe."
„Weißt du eigentlich, wie spät es ist?"
„Ist mir scheißegal, ich bin nicht hier, um über die Uhrzeit zu diskutieren. Ich will die Colabombe, Kleiner, und wenn ich die jetzt nicht gleich kriege, dann gibt es Ärger."
„Und was soll denn das für ein Ärger sein?", fragte Frank. Der Mann hatte „Kleiner" gesagt, das hätte er nicht tun sollen, das war unnötig, dachte er und merkte, wie das Adrenalin in seine Adern floss. Er fühlte einen unbändigen Drang, dem

Mann eine reinzuhauen. „Was soll das für ein Ärger sein? Willst du mit mir eine Schlägerei anfangen?"
Der andere sagte nichts mehr. Das hat er nicht erwartet, dachte Frank, wahrscheinlich ein Hippie aus Schwachhausen, dachte er. (zitiert nach: Regener, Sven: Neue Vahr Süd. Frankfurt am Main 2004)

Plötzlich kam Honk herausgetänzelt und sang mir zu: „Gleich geht's los, gleich geht's los." Er schien in freudiger Erwartung, schlüpfte eilig aus seiner Lederjacke und bat mich, sie zu halten. Die Tür ging erneut auf, und ein Typ stürmte heraus, deutlich größer und stärker als Honk, mit stierem Blick und groben Fäusten. Honk drehte sich zu ihm um und nutzte den Schwung dieser Drehung für einen ersten und finalen Schlag, der den Bauern derart heftig mit dem Hinterkopf an die Wand klatschte, dass er sofort ohnmächtig zu Boden sank. Entspannt und siegesbewusst zog Honk seine Lederjacke an und ging wieder tanzen. Sein Erfolgsrezept bestand aus der Kombination von totaler Angstlosigkeit und dem unbedingten Willen zur Gewalt. Er war der Kleinste, Schwächste unter uns, aber an ihn traute sich niemand heran. (zitiert nach: Schamoni, Rocko: Dorfpunks. Reinbek bei Hamburg 2004)

Komisch, aber dass der Typ so klein ist, ist tatsächlich ein Vorteil für ihn. Wenn er es mit einem Zweieinhalb-Zentner-Schrank aufnimmt und der ihn nicht trifft, steht der wie ein Volltrottel da. Ich kenne ein paar echte Schläger, die sich mit dem Zwerg nie anlegen würden, weil sie sich blamieren würden. Die lassen sich lieber von einem Gegner ihrer eigenen Gewichtsklasse vermöbeln, als dass sie mit Terry ein Tänzchen wagen. (zitiert nach: Depp, Daniel: Stadt der Verlierer. München 2011)

Klar, 1964. Wir hatten gerade einen Schwenk durch den Süden gemacht, immer eine Nasenlänge vor Shorty Trope. Er hat uns dann schließlich in New Orleans eingeholt. Himmel, war der wütend! Er ist auf- und abgesprungen, mit seinen ganzen eins fünfzig, halb besoffen wie immer und hat rumgebrüllt, dass er uns fertigmachen würde. (zitiert nach: Thomas, Ross: Der Yellow-Dog-Kontrakt. Berlin 2010)

Ich mag kleine, zähe Burschen", sagte ich. „Sie scheinen nie vor etwas Angst zu haben. Kommen Sie mich mal besuchen." (zitiert nach: Chandler, Raymond: Das hohe Fenster. Zürich 1975)

Wie Barney den Agenten der Handwerkerfirma ganz richtig beschrieben hatte, war er nicht von überragender Körpergröße. Darin hätte ihr jeder unparteiische Beobachter recht gegeben. Er war nur einen Meter achtundsechzig groß, aber jeder, der ihn kannte, konnte bestätigen, daß das völlig ausreichte. (zitiert nach: Wodehouse, P. G.: Das Mädchen in Blau. München 1977)

Wie gut hast du ihn gekannt?", fragte Crites. „Ziemlich gut." – „Wie war er damals so?" – „Klein. Ungefähr einssechzig." – „Komm schon, Booth." – „Okay. Er war gerissen. Vielleicht sogar brillant. Ungefähr zweiundzwanzig oder dreiundzwanzig und hart. Außerdem war er ziemlich flexibel – für einen Guerilla." (zitiert nach: Thomas, Ross: Am Rand der Welt. Berlin 2008)

Ich sah ihn an. Ramón war ein kleiner Mann, aber was für eine Ausstrahlung, wie ein dominikanischer Rod Steiger. Aber auch mit diesem Vergleich wird man ihm nicht gerecht. Ramón beanspruchte psychologisch eine Menge Platz: Er setzte den Raum unter Strom, seinen Knastaugen und seinem wachsamen Blick entging nichts, in seiner Gegenwart wurde man automatisch hyperaufmerksam, einfach nur, weil er selbst immer und alles in Schussweite auf dem Radar hatte. (zitiert nach: McKinty, Adrian: Der sichere Tod. Berlin 2010)

Er selbst beschreibt sich als struppigen Jungen. Ich habe sofort alle Tolstoi-Bilder hervorgekramt, die Jugendbilder zeigen ihn weder struppig noch hässlich. Ganz im Gegenteil. Wie alle Heiligen muss er für seine Familie unerträglich gewesen sein. Er war ein „Sitzriese“, also klein von Wuchs. (zitiert nach: Kempowski, Walter: Alkor. München 2001)

Mein Gott, dachte ich, was hat ein Zehnjähriger in der Philosophie-Abteilung zu suchen. Dann merkte ich, dass es ein Kleinwüchsiger war, und als er sich zu mir umdrehte, erkannte ich den verwirbelten Haarschopf und das sommersprossige Gesicht mit dem ernsten schmalen Mund wieder. Marco. Wir waren zusammen zur Schule gegangen, auch wenn ich nie besonders viel mit ihm zu tun hatte. Klein und klug. Er galt als Klassengenie. Das ganze Zeugnis voller Einsen. Sonst wusste ich eigentlich nur, dass seine Eltern reich waren. (zitiert nach: Duve, Karen: Taxi. Frankfurt a. Main 2008)

Auf dem Weg zu Schäfers Büro kehrte Alice noch einmal auf der Damentoilette ein, um ihr Make-up zu überprüfen (...) Sie wußte nicht genau, warum sie Schäfer mochte, obwohl er sich etwas anmaßend benahm. Wahrscheinlich war es, weil er so klein war und dabei so wirkte wie ein tapferer Junge, der sich mit den Größeren herumprügelte. (zitiert nach: Schwanitz, Dietrich: Der Campus. Frankfurt am Main 1995)

Es war ja alles noch schlimmer als erwartet. Dieser Mann, sie kann doch diesen Mann nicht lieben? Gut, man versteht fast nie, warum wer liebt. Aber es muss doch irgendetwas dasein, eine Übereinstimmung, eine Nähe, etwas Gemeinsames ... nichts. Er war kleiner als sie, gut, kein Unglück. Tom Cruise ist auch kleiner als Katie Holmes. Viele Männer sind klein. Das muss möglich sein. Aber er ist viel kleiner als sie. Lächerlich geradezu, ganz ehrlich gesagt, aber wahrscheinlich ist das blöde und spießig von mir. (zitiert nach: Heidenreich, Elke/Schroeder, Bernd: Alte Liebe. Frankfurt a.M. 2011)

Da wünsche ich ihr viel Glück", sagte sie. „Sie kann mit einer Vase von mir rechnen, und ich spiele auch Brautjungfer, wenn nötig. Verstehst du denn nicht, Tante Constance, dass ich nicht im entferntesten beabsichtige, Ronnie zu heiraten? Wir sind prima Freunde und alles, aber er ist nicht mein Typ. Zum Beispiel ist er mir zu klein."
„Klein?"
„Ich bin fast einen Kopf größer als er. Wenn wir zum Altar gingen, würde es aussehen, als ob ich mit meinem kleinen Bruder einen Spaziergang machte."
Auf diese Bemerkung hätte Lady Constance zweifellos eine Antwort gewußt, aber bevor sie dazu kam, kehrte die Prozession zu einer unerwarteten zweiten Vorstellung zurück. (zitiert nach: Wodehouse, P. G.: Sommerliches Schloßgewitter. Hildesheim 1987)

Er selber ist zwar nur klein von Gestalt, und jetzt ist er ein Mann. Aber sein Herz ist groß. Darum soll sein Name von jetzt an Kleiner Großer Mann sein. (zitiert nach: Berger, Thomas: Little Big Man. Köln 1980)

Ja. Ein uneheliches Kind. Er hat den Namen seiner Mutter. Die Mutter ist eine Nörglerin, von der er nichts hat, und von seinem Vater hat er ebenfalls nichts. Und außerdem ist er klein, und die Kleinen haben es immer schwerer. Das müßtest du doch wissen, du bist auch nicht der Größte. (zitiert nach: Van de Wetering, Janwillem: Eine Tote gibt Auskunft. Reinbek bei Hamburg 1978)

Einen neuen Namen brauchst du auf alle Fälle", sagte Dunn. „Wie wäre es mit Jesus", sagte Elisa. In Portugal habe ich einen Seemann gekannt, der war in Brasilien geboren. Er hieß Jesus, aber ausgesehen hat er wie der Teufel, und so hat er sich auch aufgeführt." „Wie wäre es mit John Long?", sagte Dunn. „Johns gibt es massenweise. Und Long verpflichtet zu nichts." Elisa klatschte in die Hände. „Damit sind wir einverstanden", sagte sie stellvertretend für mich. „John Long ist gut, da kann ich dich weiter John nennen. Und Long ist auch nicht schlecht, auch wenn du nicht übertrieben lang bist, nur da, wo es wichtig ist." (zitiert nach: Larsson, Björn: Long John Silver. München 1998)

Apo ist ein Lustmolch [...] Apo vögelt alles, was ihm in die Quere kommt [...] lassen Sie sich nicht von seinem biederen Äußeren täuschen, er ist einer dieser kleinen Männer, die dauernd beweisen müssen, daß sie größere Hurenböcke sind als alle großen Männer. Sekretärinnen, Ehefrauen anderer Leute, reihenweise Nutten von allen möglichen Diensten, Apo nimmt alles. (zitiert nach: Le Carré, John: Der Nachtmanager. Köln 1999)

Der Zwerg hob die Schultern. „Wie man's nimmt. Jedenfalls wirke ich auf Frauen – trotz allem." Er machte eine rührend traurige Handbewegung gegen sich, die sich fast wie eine Entschuldigung für seine Größe von höchstens ein Meter fünfzehn ausnahm. Es war das erste von zwei Malen, die der Zwerg Jackson gegenüber auf seinen Wuchs anspielte. (zitiert nach: Thomas, Ross: Vierzig Riesen für den Zwerg. Frankfurt a. M.; Berlin; Wien 1980)

Lange Zeit stand er neben der Freitreppe und erinnerte sich an Rutter, wie er gewesen war: jung und voller Leben – und gefährlich, wenn er beweisen wollte, daß sich ein kleiner Mann in der Welt des großen Mannes sehr gut behaupten konnte. (zitiert nach: Munro, James: Als nächster bist du dran. Frankfurt a. M.; Berlin 1986)

Sie ist'n Gauner, Schnüffler. Ich bin'n Gauner. Wir sind alle Gauner. Also verkaufen wir uns gegenseitig für ein Butterbrot. Okay. Sehen Sie mal, ob's bei mir klappt." Er langte nach einer zweiten von meinen Zigaretten, pflanzte sie sich sauber zwischen die Lippen und steckte sie mit einem Streichholz an, so wie ich es immer mache – nach zwei Fehlstarts auf dem Daumennagel nahm er den Fuß zu Hilfe. Er paffte gleichmütig und starrte mich offen an, ein komisches, kleines, hartes Kerlchen, das ich über ein Baseballfeld hätte werfen können. Ein kleiner Mann in einer Welt für Große. Es war etwas an ihm, das mir gefiel. (zitiert nach: Chandler, Raymond: Der große Schlaf. Zürich 1974)

Er lachte schallend, wurde aber plötzlich nachdenklich. „Ja, ich finde, kleine Männer sind gute Händler – entschuldigen Sie, wenn ich das sage. Kleine Männer können die Trommel rühren, Reklame machen und drängen – die Leute erwarten das und nehmen's nicht übel. Ich mache Geschäfte mit einem Mann meiner Größe – wenn ich einen finde –, aber den Rest überlass' ich Charlie, dem Bruder meiner Frau. Er ist nicht viel größer als 'ne Ratte und drückt Verträge durch, von denen ich nur zu träumen mich schämen würde." (zitiert nach: Lyall, Gavin: Venus mit Pistole. Berlin 1990)

Er kann Ihnen Ärger machen, Oscar. Viel Ärger." Der Mann ist knapp einen Meter groß, Vail. Was will er machen, mir

gegens Schienbein treten?" (zitiert nach: Satterthwait, Walter: Oscar Wilde im Wilden Westen. Zürich 1996)

Frank reagierte verdutzt. Dieser Typ sah nun wirklich nicht aus wie ein berühmter Auftragskiller – klein, rundlich, mit fleischigen Wangen und Eulenaugen hinter dicken Brillengläsern. Sein spärliches fettiges Haar war nach hinten gekämmt. (zitiert nach: Winslow, Don: Frankie Machine. Frankfurt am Main 2009)

Der Mann war kaum einen Meter fünfzig groß und hatte gichtig verkrümmte Spinnenfinger. „Polizei?", fragte er. (zitiert nach: Latimer, Jonathan: Die falsche Nonne. Zürich 1993)

Er war Nachrichtenoffizier, Lieutenant Nguyen Van Dung, sehr gescheit, sehr klein, einsfünfzig, oder nicht mal. Er hatte eine zwei Meter lange Peitsche, deren Riemen aus der Haut eines Wasserbüffels geschnitten waren. Ich bekam drei Dutzend vom Besten über einen Zeitraum von drei Tagen. Sie holten alles aus mir raus, was sie hören wollten, danach ließen sie mich in Ruhe. In einem zwei Meter tiefen Loch. (zitiert nach: Thomas, Ross: Umweg zur Hölle. Berlin. 2. Aufl. 2008)

Immer auf die Kleinen", sagt er und lacht. Was für ein wunderbarer Mensch. Körpergröße einsdreiundfünfzig. War früher mal Jockey. Bis es nach einem schweren Sturz in Pomona nicht mehr ging. (zitiert nach: Weissner, Carl: Manhattan Muffdriver. Wien 2010)

Wenn mir irgendwas passiert, gib ihn Hawk", sagte ich. „Andernfalls nicht öffnen."
„Eine Liste der Leute, die dich nicht leiden mögen, kann es nicht sein", sagte Henry. „Dafür ist der Umschlag nicht dick genug."
„Da ist meine Geheimformel drin", sagte ich, „wie man größer als einen Meter sechzig wird."
„Ich bin ein Meter zweiundsechzig", sagte Henry.
„Wie kommt es dann, daß dir Sandy Sadler bei eurem Kampf dauernd von oben auf den Kopf gehauen hat?"
„Ich wollte ihm an die Eingeweide", sagte Henry.
Ich ging nach Hause, um zu packen.
(zitiert nach: Parker, Robert B.: Spenser und der Kandidat. Frankfurt a. M.; Berlin; Wien 1984)

Dann kommen wir auf Madame Tussaud, denn Christian hat vor ein paar Wochen eine „Madame Tussaud's on Tour"-Ausstellung besucht, in der man sich neben Wachs-Beatles, Wachs-Rolling-Stones, Tina Turner, Bon Jovi und diese ganze Schrullen stellen konnte und dann vor allem gesehen habe, wie klein diese Leute waren. Mick Jagger ging

mir nicht mal bis zum Adamsapfel, sagt Christian, und vor allem die Spice Girls sind richtig kleine Pupus. (zitiert nach: Zylka, Jenni: 1000 neue Dinge, die man bei Schwerelosigkeit tun kann. Reinbek bei Hamburg: 2003)

Pay-E-Zee hatte kein Büropersonal wie andere Firmen. Nur Kredit-Kontrolleure wie Staples. Ich legte meine Kundenkarte und das Bargeld auf die Theke, und er überprüfte alles. Er war ein kleiner Mann, ungefähr fünfzig, grauhaarig, mit Bauchansatz und einem Schmollmund. Früher, als er noch Klinken geputzt hat, nannte man ihn den „Tränenreichen". Er stellte sich am Türeingang eines armen Schweins auf – oder er besuchte ihn auf dessen Arbeitsstelle –, und dann flennte und heulte er los und hörte nicht mehr auf, bis man ihn im nächsten Staat hören konnte. Die harte Tour lag ihm nicht, also versuchte er es so. Und man wurde ihn nur los, wenn man bezahlte. (zitiert nach: Thompson, Jim: Ein Satansweib. Zürich 1996)

Große betrunkene Männer erschrecken mich. Wenn die plötzlich auf die Idee kommen, einem eins zu versetzen, und man ist nicht groß genug, um zurückzuschlagen, muß man etwas unternehmen, um heil aus der Affäre herauszukommen. Mit dem Knie in den Unterleib stoßen oder mit den Fingern in die Augen oder so was. Dann ist man aber eine kleine gemeine Ratte und niemand mag einen mehr. Und er

ist natürlich nur ein großer Junge und ein Spaßvogel. Hol' die großen Jungs und Spaßvögel der Schaitan! (zitiert nach: Lyall, Gavin: Venus mit Pistole. Berlin 1990)

Woher kommt meine Liebe zu Miniaturen? Weil ich klein bin, freue ich mich über alles, was noch kleiner ist. (zitiert nach: Kempowski, Walter: Sirius. München 1990)

Bis Driver mit ungefähr zwölf einen Wachstumsschub bekam, war er klein für sein Alter, etwas, das sein Vater schamlos auszunutzen wusste. Der Junge passte locker durch schmale Öffnungen, Badezimmerfenster, kleine Hunde- und Katzenklappen und so weiter, was ihn zu einer großen Hilfe in der Branche seines Vaters machte: der Einbruchsbranche. Als dann der Wachstumsschub kam, ging es schlagartig. Praktisch über Nacht machte er einen Sprung von einszwanzig auf einsneunzig. Seitdem fühlte er sich fremd in seinem eigenen Körper. Die Arme baumelten an seinen Seiten, und er hatte einen trottenden Gang. Wenn er zu rennen versuchte, geriet er oft ins Stolpern und knallte der Länge nach hin. Was er jedoch ausgezeichnet konnte, war Auto fahren. Und er fuhr wie der Teufel." (zitiert nach: Sallis, James: Driver. München 2009)

Sayako saß auf dem Rücksitz der Limousine und betrachtete London und seine Menschen. Wie komisch die Engländer doch sind, dachte sie, mit ihren schwabbeligen Gesichtern und den großen Nasen, und erst ihre Haut! Sie hielt sich die Hand vor den Mund und lachte. Es war doch nicht notwendig, so groß zu sein, oder? Ihr Vater war ein kleiner Mann, und er war Kaiser. (zitiert nach: Townsend, Sue: Die Queen und ich. München 1993)

Ich will niemals groß werden", sagte Thomas entschieden.
„Nein, darum muss man sich wirklich nicht reißen", sagte Pippi. „Große Menschen haben niemals etwas Lustiges. Sie haben nur einen Haufen langweilige Arbeit und komische Kleider und Hühneraugen und Kumminalsteuern."
„Kommunalsteuern heißt das", sagte Annika.
„Ja, es bleibt jedenfalls der gleiche Unsinn", sagte Pippi. „Und dann sind sie voll Aberglauben und Verrücktheiten. Sie glauben, es passiert ein Unglück, wenn sie beim Essen das Messer in den Mund stecken, und all solch dummes Zeug."
„Und spielen können sie auch nicht", sagte Annika. (zitiert nach: Lindgren, Astrid: Pippi in Taka-Tuka-Land. Hamburg 2008)

Kleine Männer & große Frauen

Ein kleiner Mann ist auch ein Mann.
(Goethe in einem Brief an Charlotte von Stein)

Das Beste vorweg: Kleine Männer sind die besten Liebhaber. Natürlich haben alle kleinen Männer schon immer gewusst, dass sie die besseren Liebhaber sind. Jetzt die Bestätigung. Eine Untersuchung der französischen Zeitschrift *Marie-Claire* ergab: Männer unter 1,70 m sind ausdauernder, zärtlicher, experimentierfreudiger, sinnlicher. Kurz gesagt: Sie sind besser im Bett.

Eine Kanone im Bett muss der 1,67 m große Frank Sinatra gewesen sein. Marlene Dietrich (1,65 m) nannte ihn nur den „Mercedes unter den Männern“. Und Ava Gardner, die 1,66 m große, grünäugige „Venus von Hollywood“ und zweite Ehefrau von Frank Sinatra, sagte über ihn: „Der eigentliche Frank Sinatra wiegt nur 10 Pfund, sein Schwanz wiegt 110 Pfund.“ Das ist schon ein Ding.

Der englische Schriftsteller Frank Harris (1,67 m) war ebenfalls ein umschwärmter Frauenflachleger. Gott habe ihm einen „Repetiergewehr-Sex geschenkt“, behauptete er steif und fest.

Gregor Gysi (1,66 m) aus Berlin-Mitte, laut „GEWIS“-Umfrage Deutschlands erotischster Politiker, gibt die Devise aus: „Schon meine Oma sagte: Hauptsache es stimmt in der Mitte.“

Der 1,58 m große amerikanische Schauspieler Mickey Rooney, der achtmal verheiratet war und die schönsten Frauen im Sturm eroberte, verrät die simple Strategie: „Ich musste nur schnell aus der Vertikalen in die Horizontale kommen."

Erfolg macht sexy – das war bei Napoleon (1,67 m) schon so, das war auch bei Pablo Picasso (1,62 m) so. Er war ein Hallodri vor dem Herrn und ließ nichts anbrennen. Die nackte Wahrheit: „Picasso war ohne Zweifel nicht nur einer der größten Maler, sondern auch einer der größten Pornografen aller Zeiten." (Norman Mailer). Noch aufschlussreicher ist jedoch der Hinweis von Picasso selbst zum besseren Miteinander: „Wenn Männer wüssten, was Frauen denken, wären sie tausendmal kühner."

Und jetzt Schwanzvergleich! Der erigierte Penis eines kleinen Mannes ist durchschnittlich 16,6 cm groß, bei Männern über 1,90 m hingegen nur 16,3 cm, so das Ergebnis einer wissenschaftlichen Erhebung. Das alte Lied: Der kleine Mann hat die Nase vorn. So oder so: Es kommt nicht auf die Länge an – das Hin und Her schafft den Meter. Oder?

Kurz und uninteressant

Es kommt doch auf die Länge an, jedenfalls für amerikanische Männer. Eine US-Zeitschrift hatte gefragt: Wären Sie lieber 1,58 m klein mit einem 18-Zentimeter-Penis oder 1,88 m groß mit einem 8-Zentimeter-Penis? 62 Prozent entschieden sich für das größere Geschlechtsorgan.

Einer englischen Redensart zufolge steht hinter jedem großen Mann eine noch größere Frau. Immer mehr berühmte kleine Männer schauen zu großen Frauen auf. Der bekannte Psychologe Arndt Stein (1,68 m) in *Bild:* „Sie werten sich damit selber auf und zeigen gleichzeitig, dass sie über den Dingen stehen."

Anekdote

Der britische Politiker Lloyd George, nicht eben groß gewachsen, bemerkte während einer Rede im renommierten Blaustrumpf-Klub in Dublin, dass sich zwei Damen über seine Körpergröße unterhielten. „Ladies", sagte er, „bei uns zu Hause misst man die Männer vom Kinn an aufwärts." Die beiden Frauen schwiegen vor Verblüffung, und es wurde noch ein richtig netter Abend.

Wie immer dem auch sein mag – unzweifelhaft ist, dass das Leben kleiner Männer ohne große Frauen grundlegend anders aussähe. Wie zum Beispiel das Leben von Groucho Marx, der in seinem köstlichen Buch „Ein ramponierter Frauenheld" berichtet: „Meine Begleiterin war ein außerordentlich hoch gewachsenes Mädchen, und mit ihrer goldenen Antenne sah sie aus wie einsfünfundachtzig. Ich bin einseinundsiebzig, und wir müssen wohl ein seltsames Paar abgegeben haben, als wir an unseren Tisch gingen – wir unterhielten uns gerade darüber, wie es ist, wenn man von allen bewundert wird. Als wir hereinkamen, trat Stille ein. Die Leute hörten auf zu essen und zu trinken, und alle Blicke richteten sich auf dieses unglaublich aussehende Duo. (…) In mir begann sich der Wunsch zu regen, unter den Tisch zu kriechen und dort mein Dinner einzunehmen."

Es sei noch bemerkt, dass fast alle kleinen Männer eine große Schwäche für große Frauen haben. Der 1,72 m große Frauenversteher Karl Lagerfeld erklärt im Interview in *BUNTE,* warum das so ist: „Kleine Männer haben große Frauen immer gut gefunden. Und so gibt es viele große Frauen, die eben kleine Männer haben. Das will nichts mehr heißen. Im Gegenteil."

Gut, dass wir darüber gesprochen haben.

Schöne große Frauen

Carol Campbell (1,88 m)
Brigitte Nielsen (1,85 m)
Margaux Hemingway (1,83 m)
Brooke Shields (1,83 m)
Geena Davis (1,83 m)
Franziska v. Almsick (1,81 m)
Maria Riesch (1,81 m)
Cynthia Nixon (1,80 m)
Sigourney Weaver (1,80 m)
Uma Thurman (1,80 m)
Veronica Ferres (1,80 m)
Michelle Obama (1,80 m)
Gisele Bündchen (1,80 m)
Claudia Schiffer (1,80 m)
Nadja Auermann (1,80 m)
Jasmin Wagner (1,80 m)

Niederländische Frauen sind im Durchschnitt mit 1,70 m die größten in Europa. Auf Platz zwei die deutschen Frauen mit 1,68 m. Den dritten Platz teilen sich die Schwedinnen und die Österreicherinnen mit 1,66 m, heißt es in einer internationalen Studie. Na Servus!

Ziemlich große Frauen

Grace Jones (1,79 m)
Nicole Kidman (1,79 m)
Cameron Diaz (1,79 m)
Kim Catrall (1,78 m)
Ingrid Bergman (1,78 m)
Carla Bruni (1,78 m)
Sarah Connor (1,78 m)
Liv Tyler (1,78 m)
Linda Evangelista (1,77 m)
Naomi Campbell (1,77 m)
Anna-Nicole Smith (1,77 m)
Steffi Graf (1,76 m)
Heidi Klum (1,76 m)
Maria Carey (1,76 m)
Melanie Griffith (1,76 m)
Julia Roberts (1,75 m)

Fassen wir nochmal zusammen: Kleine Männer haben den Erfolg bei den Frauen für sich gepachtet. Sie kommen riesig an, aber nicht nur, weil sie so schnuckelig sind oder den Beschützerinstinkt wecken, sondern weil sie gute Liebhaber sind. Und weil sie hervorragend tanzen können. Das mögen die Frauen. Joaquin Cortés ist ein spanischer Tänzer, der mit 15 Jahren schon Solist beim spanischen Nationalballett war. Wenn der Ein-Meter-Fünzig-Mann antanzt, dann fallen die Frauen reihenweise um. „Ich habe einen Gott tanzen sehen", schwärmt Rossy de Palma in dem Film „Mein blühendes Geheimnis".

Aber jetzt erstmal eine rauchen. Und zwar eine Zigarre nach der anderen. Kleine Männer bevorzugen seit jeher exklusive Zigarren. Denn: „A woman is only a woman, but a good cigar is a smoke." (Winston Churchill). Aschenbecher, bitte!

Der Club der Zigarrenraucher

Winston Churchill (1,70 m)

Alfred Hitchcock (1,70 m)

Bertolt Brecht (1,67 m)

Peter Falk (1,67 m)

Edward G. Robinson (1,65 m)

Ernst Lubitsch (1,70 m)

Groucho Marx (1,71 m)

Gerhard Schröder (1,72 m)

Beneidenswert sind sie ja, die kleinen Männer, weil sie immer dicke Zigarren rauchen und die besten Frauen abkriegen.

Kleine & große Tiere

Nicht die Größe des Hundes ist im Kampf entscheidend, sondern die Größe des Kampfes im Hund.
(Texanisches Sprichwort)

Es lohnt sich vielleicht an dieser Stelle einen kurzen Blick ins Tierreich zu werfen. Auch hier sieht man: Die Kleinsten sind die Größten. Das Rennpferd Dai Jin ist ein gutes Beispiel dafür. Der Galopper ist das erfolgreichste Pferd der Welt, obwohl er klein geraten ist. Und krumme Füße hat. Mit den Vorderbeinen, so sein Trainer Andreas Schütz vom Gestüt Schlenderhan bei Köln, „geht er wie Charlie Chaplin." Sein stolzer Besitzer Werner Heinz erklärt: „Er ist klein, was atypisch ist für die großen Pferde dieser Welt. Aber er kann sie schlagen." Und sattelt noch einen drauf: „Er ist eben effektiv. Er hat diesen Willen, er geht durch enge Lücken, er hat keine Angst." Genau wie kleine Männer. Ruhig, Brauner!

Keine Angst hat auch der Dackel. Dieser kleine Hund ist nicht nur ein treuer und lebensfroher Begleiter, sondern vor allem wachsam und absolut furchtlos. Die Fachzeitschrift *dogs* begründet das durchaus einleuchtend: „Wenn der Dackel in den Spiegel guckt, sieht er einen Löwen." Dass alle Tiere um ihn herum größer und gefährlicher sind, schüchtert den Dackel nicht ein. Auch beim größten Sturm und beim schwersten Gewitter bleibt er ganz cool. „Große Hunde haben oft Angst vor Donner, während kleine Hunde sich eher unbeeindruckt zeigen", stellt Kinky Friedman in seinem Roman „Zehn kleine New Yorker" mit Verwunderung fest. Was sagt uns das? Alles und noch viel mehr.

Durch die heitere Lupe gesehen

Zur Diskussion gestellt

„Erfunden wurden die hohen Absätze zweifellos von einer Frau, deren Mann sie immer nur auf die Stirn geküsst hat."
(Curt Goetz mal zu Harry Piel bei einem Bier)

NEUE BEGRIFFE LERNEN

Rennpferd des kleinen Mannes (Brieftaube)

Champagner des kleinen Mannes (Sekt)

Kelch des kleinen Mannes (Bierglas)

Spargel des kleinen Mannes (Schwarzwurzeln)

Kaviar des kleinen Mannes (Salzhering)

Sehnsucht des kleinen Mannes (Lottoschein)

Bauhaus des kleinen Mannes (IKEA)

Golfspiel des kleinen Mannes (Minigolf)

Swimmingpool des kleinen Mannes (Badewanne)

Wurst des kleinen Mannes (Gurke)

Auster des kleinen Mannes (Auswurf)

Dreimal kurz gelacht

Kommen zwei kleine Männer in die Kneipe, sagt der eine zum Wirt: „Zwei Kurze!" Antwort des Wirtes: „Das seh' ich. Und was wollt ihr trinken?"

Der Autohändler: „Und, wie gefällt Ihnen der Kleinwagen?" Kunde: „Ganz passabel, nur an den Schultern drückt er ein wenig."

Lehrer: Wer kann mir sagen, wie lange Krokodile leben?" Schüler: „Genauso wie kurze."

RÄTSELECKE

Was ist der Unterschied zwischen Mut, Übermut und Schlagfertigkeit?

Antwort: Mut ist, wenn ein kleiner Mann nur mit einer Badehose bekleidet in die Oper will. Übermut ist, wenn er zur Garderobenfrau geht und fragt, ob er seine Hose abgeben kann. Schlagfertig ist die Garderobenfrau, die antwortet: „Wollen Sie Ihren Knirps nicht auch hierlassen?"

Eine Verkehrsdurchsage!

Folgende Gegenden bitte großräumig umfahren:
Großenkneten, Groß Scharrel, Grotenknöll, Langförden (bei Vechta), Riesenbrück, Riesengebirge, Großbritannien

Am Nebentisch aufgeschnappt

„Kleine Männer sollten niemals sitzen, wenn ihre Füße nicht den Boden berühren. Das erinnert mich immer an Kinderreime."

(Der singende Detektiv Philip Marlow zu seinem Psychiater im Aufenthaltsraum)

Beliebte Orte:
Kleinensiel
Klein-Rübennasenhausen
Klein Scharrel
Kleinsiehstenicht
Bad Kleinen

Aus Omas Apotheke:
In der Kürze liegt die Würze.

ALTE INDIANERWEISHEIT

Großer Gott, steh mir bei, dass ich über keinen kleinen Mann urteile, bevor ich nicht mindestens zwei Wochen lang in seinen Mokassins gegangen bin.

Ein Schüttelreim

I feel sorry for short people, you know.
When it rains, they're the last to know.
(Rodney Dangerfield)

Witze

Auf dem Prater betrachten Rudi und Graf Bobby einen winzigen kleinen Zwerg.
Rudi: „No - da staunst, gelt?"
Bobby: „Ah geh, ich hab schon größere Zwerge gesehen!"

Kommt ein Mann in eine Kneipe. An der Theke sitzen 22 Liliputaner. Sagt der Mann zum Wirt: „Oh - ist euer Kicker kaputt?"

„Sie sind also der berühmte Fußballer?", sagt die junge Dame. „Ich hatte Sie mir ganz anders vorgestellt."
„Wie denn - etwa klein, dumm und hässlich?
„Nein, im Gegenteil."

Nach der dritten psychoanalytischen Sitzung.
„Na, wie steht es mit Ihrem Minderwertigkeitsgefühl?"
„Großartig. Mein Minderwertigkeitsgefühl ist verschwunden. Das verdanke ich Ihnen, Sie hässlicher, fetter Zwerg."

Ein Mann im weißen Kittel betritt das Krankenzimmer und fragt den Patienten: „Wie groß sind Sie?"
„Ein Meter fünfundsechzig, Herr Doktor."
„Ich bin nicht der Doktor, ich bin bloß der Schreiner."

Gut gegeben

„Der gute Wein liegt im kleinen Fass."

(Inschrift im Keller von Detlef Krause (1,92 m) in Osternburg)

DREI KLEINE SCHERZE

Was wird immer kürzer, je länger man daran zieht?

Antwort: die Zigarette.

Warum sind Italiener kleiner als Deutsche?

Antwort: weil ihre Mütter ihnen als Kinder immer gesagt haben: „Wenn du groß bist, musst du arbeiten."

Was ist klein, grün und dreieckig?

Antwort: ein kleines grünes Dreieck.

Aus dem Polizeibericht

Ein 21-jähriger Mann aus Großwallstadt hatte im betrunkenen Zustand auf dem Gelände eines Parks randaliert und Gartenzwerge kaputtgeschlagen. Für seine Attacke auf die Kleinen musste er nun 6200 Euro Schmerzensgeld zahlen. Keine Kleinigkeit für den arbeitslosen Großwallstädter.

Wer hätte das gedacht?

„Ich bin nicht klein, sondern nur platzsparend!"

(Aus der Bedienungsanleitung für einen belgischen Dachshund)

Des kleinen Mannes Sonnenschein
ist Ficken und Besoffensein.

(Unbekannter Kneipengast)

Wussten Sie schon, dass ...

... man in einem Kleinunternehmen auch eine Ausbildung zum Großhandelskaufmann machen kann?

... Schuhe, die unsichtbar 7 Zentimeter größer machen, neben Buchdruck und Bumerang zu den großen Erfindungen der Menschheit zählen?

... in Schwulenkreisen kleine Männer als „Standgebläse" bezeichnet werden?

... Schneewittchen keine Nacht in der Woche durchschlafen konnte?

... eine Glatze auch „kleine Frisur" genannt wird?

Sehr gut gegeben

„Etwas weniger ist mehr!"

(Der kleine Schlotto einmal zum großen Schlotto)

Humorvolle Umschreibungen für das Aufsuchen der Toilette

- Ich muss einem kleinen Mann die große weite Welt zeigen
- Ich will nebenan ein kleines Schwänzchen halten
- Ich will dem kleinen Außenminister die Hand geben
- Ich muss mal für kleine Mädchen
- Ich geh mal eben für kleine Königstiger

FÜR UNSERE LIEBEN KLEINEN

Wie die sieben Zwerge in der Disney-Verfilmung auf deutsch heißen:

Chef
Schlafmütze
Hatschi
Jäger
Brummbär
Happy
Pimpel

Letzte Worte

„Je größer sie sind, desto härter fallen sie."

(Nepalesischer Sherpa einmal und nie wieder zum Yeti)

Von A bis Z
Lexikon der wichtigsten kleinen Männer

A

Bryan Adams ist ein kanadischer Sänger (1,71 m). Sagt über sich selbst: „Ich bin kleinwüchsig und völlig ohne Charisma." Na, na, na.

Mahmud Ahmadinedschad ist ein iranischer Präsident, der immer eine beigefarbene Windjacke trägt als Zeichen seiner Volksnähe, doch das Volk hat zum Dank einen Witz über seine Körpergröße (1,67 m) gemacht: „Warum hat Ahmadinedschad die Uhr nicht auf Sommerzeit umstellen lassen?" – „Weil er zu klein ist, um seine Wanduhr selbst umstellen zu können."

Alexander d. Große (356–323 v. Chr.) war König von Makedonien und ein mächtiger Feldherr von 1,50 m Größe. Seine Leiche wurde in einem Fass Honig konserviert. Einfach köstlich.

Jason Alexander ist ein amerikanischer Schauspieler, der in „Die Abenteuer von Rocky & Bullwinkle" eine tragende Rolle spielte. Hatte auch einen Gastauftritt in der Kultserie „Monk". Der 1,65 m große Darsteller heißt eigentlich richtig Jason Scott Greenspan. Sonst ist nichts zu erwähnen.

Boris Aljinovic ist ein deutscher Schauspieler, der im „Tatort" des RBB den Kommissar Felix Stark spielt – er ist 1,67 m groß. Was hat das zu bedeuten?

Woody Allen ist ein amerikanischer Filmkomiker, Drehbuchautor und Regisseur. Der kleine Mann (1,65 m) mit der großen Brille fing als Stand-up-Comedian an, dann folgte Film auf Film: „Bananas", „Manhattan", „Der Stadtneurotiker", „Woody, der Unglücksrabe", „Geliebte Aphrodite", „Verbrechen und andere Kleinigkeiten". Der Komiker, der eigentlich Allen Stewart Konigsberg heißt, bekennt freimütig: „Ich wünschte, ich wäre als großer und begnadeter Tragiker geboren worden." Ach Gottchen.

Magyatdin Allachwerdijew ist ein ehemaliger sowjetischer Ringer, der dreimal Weltmeister im griechisch-römischen Stil im Papiergewicht wurde. Für diese Gewichtsklasse war er mit 1,62 m relativ groß. Das soll uns aber nicht weiter stören.

Marc Almond ist ein britischer Sänger und Songwriter. Der Song „Tainted Love" machte den 1,68 m großen charismatischen Musiker von heute auf morgen zum Weltstar. Zu Recht.

G. G. Anderson ist ein deutscher Schlagersänger (1,68 m). Geburtsname: Gerd Grabowski.

Giulio Andreotti ist ein italienische Politiker (DC). Der Ex-Regierungschef wurde wegen Verwicklung mit der Mafia angeklagt, aber wegen Mangels an Beweisen 2003 freigesprochen. Der 1919 in Rom geborene 1,67 m große Andreotti ist Senator auf Lebenszeit. Bella Italia.

Paul Anka ist ein kanadischer Sänger und Komponist („Diana"). Zusätzlich verdient er noch etwas als Liedtexter dazu. Für Frank Sinatra (1,65 m) schrieb er „My Way", für Tom Jones (1,78 m) textete er „She's a Lady". Der 1941 in Ottawa geborene Anka ist 1,68 m groß. War mit 21 schon Multimillonär. Ein toller Typ.

Gabriele D'Annunzio (1863–1938) war ein italienischer Schriftsteller und Nationalheld. Gilt als Leitfigur für den italienischen Faschismus. Er war 1,64 m groß und Mentor des nur 1,52 m großen Benito Mussolini. Zwei glorreiche Halunken.

Jassir Arafat (1929–2004) war ein palästinensischer Guerillakämpfer, Politiker und Präsident. Er war 1,63 m groß und hatte immer 22 Leibwächter bei sich, schlief nie zweimal im selben Bett. Und jetzt alle: Sleep very well in your little Bettgestell.

Louis Armstrong (1901–1971) war ein amerikanischer Jazztrompeter und Sänger, der mehrfach ausgezeichnet wurde. Hits wie „A Wonderful World" und „Hello Dolly" machten ihn weltberühmt. Sein Spitzname „Satchmo" ist eine Verkürzung von „satchel mouth", eine Anspielung auf seinen großen Mund. Armstrong selbst war 1,67 m groß. Wir danken dem lieben Gott dafür.

Franz von Assisi (1182–1226), eigentlich Giovanni Bernadone, war ein katholischer Heiliger und Stifter des Franziskanerordens. Der 1,54 m große Heilige aus Italien gilt als bedeutendste Person des Mittelalters. Wollte eigentlich Ritter werden. Erstens kommt es anders und zweitens als man denkt.

Attila der Hunnenkönig war von 434 bis zu seinem Tod 453 König der Hunnen. Sein Herrschaftsbereich war das heutige Ungarn. Attilas Geburtsjahr und sein eigentlicher Name sind unbekannt, aber seine Größe nicht. Er war 1,50 m groß, dieser Teufelskerl.

Rudolf Augstein (1923–2002) war ein deutscher Journalist und der Gründer des Nachrichtenmagazins *Der Spiegel*. Der 1,65 m große Publizist war einer der größten Geister der Republik und benahm sich laut Fritz J. Raddatz „wie ein ungezogener kleiner König." Tja.

Marcel Avram ist Europas größter Konzertveranstalter, der u.a. für Michael Jackson (1,68 m) fünf Welttourneen organisiert hat. Das Lebensmotto des 1,69 m großen gebürtigen Rumänen lautet: „Ich will in Luxus leben. Arm war ich lange genug." Klein wird er immer bleiben. War nur ein Scherz.

José María Aznar ist ein spanischer Politiker (PP) und war von 1996 bis 2004 Ministerpräsident seines Landes. Größe: 1,70 m. Zum Vergleich: Spanien hat eine Fläche von 504.645 km².

Charles Aznavour ist ein französischer Chansonnier mit einer Stimme wie 1a-Schmirgelpapier. Wenn der 1,60 m große Sänger, der mit bürgerlichen Namen Schahnur Waghinak Asnawurjan heißt (seine Vorfahren stammen aus Armenien), die Bühne betritt, schreit das vorwiegend weibliche Publikum vor Entzücken und wirft Teddybären auf die Bühne. Sein großer Hit auf Deutsch heißt dementsprechend: „Du lässt dich geh'n".

Dirk Bach ist ein deutscher Schauspieler und Komiker (1,68 m groß, Gewicht geheim), der über sich selbst sagt: „Ich bin der erste Teddy, der sprechen kann." Er hat mittlere Reife und eine jüngere Schwester. Sonst gibt es nichts mehr zu sagen.

Johann Sebastian Bach (1685–1750) ist einer der größten Komponisten aller Zeiten – wenn nicht sogar der größte. Er war für damalige Verhältnisse mit 1,66 m auch relativ groß. Der Musiker, dem wir unter anderem die „Matthäus-Passion", das „Weihnachtsoratorium", „Osterkantaten", „Kleines harmonisches Labyrinth" zu verdanken haben, liebte die Zahl 14, sein Familienwappen besitzt beispielsweise 14 Schnörkel. Seine Musik aber ist schnörkellos und unheimlich schön. Jauchzet, frohlocket!

Honoré de Balzac (1799–1850) war ein französischer Romancier, der in Paris nur „Machine à romane" genannt wurde (auf Deutsch: „Die Textmaschine"). Der 1,57 m große Fließbandliterat, der oft 15 bis 17 Stunden am Tag arbeitete, starb an einer Koffeinvergiftung. Er trank bis zu 50 Tassen Kaffee pro Tag. Man gönnt sich ja sonst nichts.

Hugo Banzer (1926–2002) war ein bolivianischer Politiker, Diktator und Präsident seines Landes. Wurde in einer kleinen Ortschaft im bolivianischen Tiefland als Sohn eines Großgrundbesitzers geboren. Der Schnurrbartträger war 1,60 m groß. Und das wars auch schon.

Daniel Barenboim ist ein argentinisch-israelischer Pianist und Dirigent, der 1,68 m groß ist und vor kurzem das Große Bundesverdienstkreuz erhielt. Spitzname: Danny.

Rubens Barichello ist ein brasilianischer Rennfahrer der Formel 1. Von den brasilianischen Medien wird der 1,72 m große Automobilrennfahrer meistens nur „Rubinho" (dt.: „kleiner Rubens") genannt, da sein Vater den gleichen Vornamen hat. Ob's hilft?

James Matthew Barrie (1860–1937) war ein schottischer Schriftsteller, der die populäre Kinderbuchfigur Peter Pan erschuf. Er selbst war 1,50 m groß, litt zeitlebens unter Migräne und lachte selten. Ein Mann wie ein Baum – sie nannten ihn Bonsai.

Clyde Barrow (1909–1934) war 1,66 m groß und raubte zusammen mit seiner Partnerin Bonnie Parker (1,47 m) zu Zeiten der Weltwirtschaftskrise in Amerika Banken aus. Bonnie & Clyde waren von 1931 bis 1934 die meistgesuchten Verbrecher in den Vereinigten Staaten. Ohne Moos nichts los.

Kim Bauermeister ist ein deutscher Langstreckenläufer mit einer persönlichen Bestzeit von 13:47:38 min. über 5000 Meter. Der Schwabe ist 1,66 m groß, trägt immer das gleiche Goldkettchen. Klingt gut.

Emil Beck (1935–2006) war ein deutscher Fechttrainer und unumschränkter Herrscher über das Fechtzentrum in Tauberbischofsheim. Seine Devise lautete: „Alle fahren in den Urlaub, aber Emil Beck wird den ganzen Sommer Training geben." Er war 1,65 m groß und gelernter Friseur. Touché.

Ludwig van Beethoven (1770–1827) war ein deutscher Komponist (1,62 m), der seine 3. Symphonie ursprünglich Napoleon Bonaparte (1,67 m) gewidmet hatte, aber die Widmung zurückzog, als er hörte, dass Napoleon sich zum Kaiser gemacht hatte. Dádadadúmmm!

John Belushi (1949–1982) war Amerikas beliebtester TV-Komiker. Der 1,69 m große Sänger und Schauspieler feierte an der Seite von Dan Ackroyd mit „Blues Brothers" seinen größten Publikumserfolg. Er war rauschgiftsüchtig und starb im Alter von 31 Jahren auf dem Höhepunkt seiner Karriere an einer Überdosis Heroin. Eine sehr bedauerliche Tatsache.

Hennes Bender ist ein deutscher Komiker aus dem Ruhrpott und wird auch scherzhaft die „Ein-Meter-Sechzig-Comedy-Maschine" genannt. Immer für einen Lacher gut.

Roberto Benigni ist ein italienischer Schauspieler, Komiker und Oscar-Preisträger, der am 27. Oktober 1952 in einem Dorf in der Toskana geboren wurde. Bezeichnend für den sympathischen Schauspieler (1,68 m) ist vielleicht, dass er der schärfste Kritiker von Silvio Berlusconi (1,64 m) ist. Ach, herrje, das Leben ist kurz, aber schön.

Gottfried Benn (1886–1956) war ein deutscher Dichter, Essayist und Facharzt für Haut- und Geschlechtskrankheiten und laut Auskunft seiner letzten Geliebten Ursula Ziebarth einen Zentimeter kleiner als sie (1,69 m) – also 1,68 m. Zu Recht sagte Benn gern: „Erkenne die Lage."

David Bennent ist ein Schweizer Schauspieler, der als 12-jähriger den Gnom „Oskar" in dem Film „Die Blechtrommel" spielte. Der Film wurde für den Oscar nominiert. Fluch oder Segen? „Der Film hat mir Türen geöffnet. Aber der ganze Rummel drum herum ging mir furchtbar auf die Nerven. Ich bin ja nicht der einzige Mensch, der 1,55 m groß ist", sagte er vor kurzem in einem Interview. Klare Worte, die viel Applaus verdienen.

Tony Bennett ist ein amerikanischer Jazzsänger und Entertainer, um den sich die ganze Welt reißt. Mit Songs wie „I Left My Heart In San Francisco" wurde er populär. Der 1,71 m große Allroundkünstler hat weltweit über 50 Millionen Tonträger verkauft und ist zum dritten Mal verheiratet. Sein Hobby ist die Aquarellmalerei. Schon gewusst?

Jack Benny (1894–1974) war ein amerikanischer Schauspieler und Entertainer und 1,73 m groß. Wurde durch Radio- und Fernsehshows zu einem der populärsten Komiker des 20. Jahrhunderts. Unvergessen seine Rolle als hervorragender polnischer Schauspieler Joseph Tura in der Filmkomödie „Sein oder Nichtsein" von Ernst Lubitsch (1,70 m), dem wahrscheinlich besten Film aller Zeiten. Klein oder nicht klein, das ist hier die Frage.

Cyrano de Bergerac (1619–1655) war ein famoser französischer Dichter des 17. Jahrhunderts, der nicht nur an seiner riesigen Nase litt, sondern auch an seiner Körpergröße (1,55 m). Ist das nicht ungerecht?

Silvio Berlusconi ist ein italienischer Politiker, Medien-, Fußball- und Ex-Regierungspräsident. Der 1,64 m große Milliardär platziert sich bei Gruppenfotos am liebsten in der zweiten Reihe, vorzugsweise auf einem Podest oder einer Stufe, um größer zu wirken. Bitte lächeln!

Gael Garcia Bernal ist ein mexikanischer Schauspieler, der 2004 den Che Guevara (1,75 m) in „Die Reise des jungen Che" von Walter Salles spielte. Er ist 1,68 m groß und spricht neben Spanisch noch Italienisch, Englisch und Französisch. Das hören wir gern.

Jeff Bezos ist ein amerikanischer Unternehmer und Gründer des Onlinekaufhauses „Amazon". Er ist 1,70 m groß, millionenschwer und unsportlich.

Justin Bieber (Jahrgang 1994) ist ein kanadischer Popsänger und Musiker, der es vom Internet- zum Weltstar gebracht hat, Der Teenieschwarm ist 1,66 m groß, aber da ist noch Luft nach oben. Er betet regelmäßig und läuft am liebsten nackt durch die Wohnung. Jeder wie er kann.

Kurt Biedenkopf ist ein deutscher Politiker (CDU) und ehemaliger Ministerpräsident von Sachsen. Der 1,70 m große Professor wurde auch „Kleiner König von Sachsen" oder „Der kleine Leuchtturm" genannt, je nachdem.

Wolf Biermann ist ein deutscher Liedermacher und 1,68 m groß. Wenn man nicht furchtbar aufpasst, kann man ihn auch leicht mit Günter Grass (1,70 m) verwechseln.

Alfred Biolek machte als Talkmaster, Entertainer und Fernsehkoch Karriere. Der studierte Jurist (1,69 m), der „Bio" genannt wird, entdeckte 1971 die britische Komikertruppe Monty Python für das deutsche Fernsehen. Sein Sternzeichen: Küchenwaage.

Lloyd Blankfein ist der Chef der US-Großbank Goldman Sachs, der mächtigsten Investmentbank der Welt. Der 1,70 m große Banker jongliert mit Geld, macht riesige Profite und kassiert gigantische Boni. Sieht sich als „rechte Hand Gottes". Nicht zu verwechseln mit: Diego Maradona.

Joseph „Sepp" Blatter ist ein Fußballfunktionär aus der Schweiz. Der 1,71 m große FIFA-Präsident arbeitete sich mit der Präzision eines Schweizer Uhrwerks nach ganz oben zum Chef im Weltfußball. Beliebte Scherzfrage: Was ist der Unterschied zwischen Gott und Sepp Blatter? Antwort: Gott hält sich nicht für Sepp Blatter.

Moritz Bleibtreu ist der wohl beliebteste deutsche Schauspieler zurzeit. Er wurde am 13. August 1971 in München geboren und ist 1,73 m groß. Seine Filme sind allesamt Kinohits und erhielten genauso viel Beifall wie Preise. Damit ist eigentlich alles, was wir über Moritz Bleibtreu wissen müssen, gesagt.

Norbert Blüm ist ein deutscher Politiker (CDU) und Ex-Arbeitsminister. Der gelernte Werkzeugmacher klopft gerne Sprüche („Die Rente ist sicher") und ist 1,67 m groß. Blüm über Blüm: „Kleine Leute haben es schwer und werden oft verkannt."

James Blunt ist ein britischer Singer-Songwriter, der durch seinen Jahrhundert-Hit „You're Beautiful" in Deutschland bekannt wurde. Seine weinerliche Stimme spaltet die Nation. Die einen finden sie unglaublich gefühlvoll, die anderen werden von der Quengelstimme in den Wahnsinn getrieben. Blunt ist übrigens 1,70 m groß.

Humphrey Bogart (1899–1957) war ein amerikanischer Schauspieler und gilt als größter männlicher amerikanischer Filmstar aller Zeiten. Hier eine Auswahl seiner großen Filme: „Casablanca", „Sabrina", „Haben und Nichthaben", „Der Schatz der Sierra Madre", „African Queen", „Schmutziger Lorbeer", „Wir sind keine Engel". Ganz nebenbei: In seinen Filmen sah man Bogart nur mit Toupet, privat lief der 1,66 m große Schauspieler gerne „oben ohne" rum. Ganz großes Kino.

Muggsy Bogues ist ein ehemaliger US-amerikanischer Basketballspieler und mit einer Körpergröße von 1,60 m der kleinste Basketballspieler in der langen Geschichte der National Basketball Association (NBA). Brachte Pfeffer ins Spiel. Heißt eigentlich Tyrone Curtis Bogues. Weiterspielen! Kein Foul!

Jean-Bédel Bokassa (1921–1996) putschte sich 1966 zum Diktator von Zentralafrika und krönte sich selbst 1976 zum Kaiser. War immer rausgeputzt wie ein Pfau. Kaiser Bokassa war 1,57 m groß und hatte 54 Kinder von 17 Frauen. Spitzname des selbst ernannten Kaisers: „Schwarzer Napoleon". Man glaubt es kaum.

Marc Bolan (1947–1977) war ein britischer Singer-Songwriter und Gitarrist. Bekannt wurde er mit seiner fantastisch guten Band „T. Rex". Der 1,65 m große Pop-Gott hat viele Ohrwürmer aus dem Ärmel geschüttelt („Ride A White Swan", „Hot Love", „Get It On", „Deborah"). Er starb zwei Wochen vor seinem 30. Geburtstag bei einem Autounfall. Menno!

Napoleon Bonaparte (1769–1821) war ein französischer Kaiser und Feldherr, der halb Europa eroberte und sich mit blutigen Schlachten einen großen Namen machte. Er litt an Hämorrhoiden und hatte panische Angst vor Katzen. Umstritten ist seine Größe, aber neueste Forschungsergebnisse gehen von 1,67 m aus. Holla die Waldfee.

Wigald Boning ist ein Comedian und Spaßmacher im deutschen Fernsehen. Nach der Geburt seiner Zwillinge sagte der 1,68 m große Komiker: „Die beiden sind so süß. Endlich bin ich nicht mehr der Kleinste in der Familie." Kommt gebürtig aus Wildeshausen aus der Nähe von Oldenburg in Oldenburg, aber das tut nichts zur Sache.

Sonny Bono (1935–1998) war ein amerikanischer Sänger, der mit seiner damaligen Ehefrau Cher im Duo „Sonny and Cher" Hits am laufenden Meter produzierte wie „I Got You Babe" oder „Little Man". Der 1,69 m große Bono war auch mal Bürgermeister von Palm Springs (Kalifornien). Bitte merken: Wenn schon Bürgermeister, dann lieber am Busen der Natur als am Arsch der Welt.

Carl Friedrich Wilhelm Borgward (1890–1963) war ein deutscher Ingenieur und Unternehmer. Der Autobauer war in den Sechzigerjahren der größte Arbeitgeber von Bremen. Sein bildhübsches Erfolgsmodell „Isabella" hatte einen kleinen Schönheitsfehler: Der Wagen war sehr niedrig im Innenraum, weil der 1,66 m große Borgward höchstselbst immer probegesessen hat für seine Automodelle. In Bremen sagt man: Schietendidi.

Sir Donald George Bradman (1908–2001) war ein australischer Cricketspieler und wahnsinnig populär. Gilt als der populärste Sportler in Australien überhaupt. Er war 1,62 m groß und bekannt für seine präzisen Schläge. „The Don", wie sein Schläger ehrfurchtsvoll genannt wurde, kam letztens in Melbourne für 108.000 Euro unter den Hammer. Zum Ersten, zum Zweiten – gekauft!

Klaus Maria Brandauer (Jahrgang 1943) ist ein österreichischer Schauspieler, dem der Sprung nach Hollywood glückte. So übernahm er im James-Bond-Film „Sag niemals nie" die Rolle des Bösewichts Maximilian Largo. Der 1,73 m große Brandauer gilt als Diva. Eigentlich heißt er Klaus Georg Steng.

Marlon Brando (1924–2004) war ein amerikanischer Schauspieler und gilt als größter Charakterdarsteller des 20. Jahrhunderts. Als Erfolgsfilme seien genannt: „Endstation Sehnsucht", „Die Faust im Nacken", „Der letzte Tango von Paris", „Der Pate". Der 1,71 m große und gutaussehende Leinwandheld gehörte zu den höchstbezahlten Stars der Welt. Es muss unbedingt erwähnt werden, dass er von Freunden „Bud" genannt wurde.

Bertolt Brecht (1898–1956) war ein deutscher Dramatiker und Lyriker, dessen Werk in über 50 Sprachen übersetzt ist. Er gilt als Begründer des „Epischen Theaters". Seine wichtigsten Stücke: „Die Dreigroschenoper", „Der gute Mensch von Sezuan", „Der kaukasische Kreidekreis", „Mutter Courage und ihre Kinder". Der passionierte Zigarrenraucher war 1,67 m groß und stammte aus Augsburg, der Heimat der Augsburger Puppenkiste.

Mel Brooks ist ein amerikanischer Komiker, Schauspieler und Regisseur. Bekannt wurde der 1,61 m große Derwisch, der eigentlich Melvin Kaminsky heißt, durch „Frühling für Hitler", „Frankenstein Junior", „Spaceballs". Erhielt 2009 den Ernst-Lubitsch-Preis für sein Lebenswerk. Auch in der Höhe verdient.

James Brown (1932–2006) war ein legendärer Soulsänger aus Amerika und hatte Musik im Blut. Der 1,68 m große Brown gilt als einer der einflussreichsten Musiker des vergangenen Jahrhunderts. Wurde von seinen Fans „Godfather Of Soul" genannt. Sein größter Hit: „Sex Machine". Das ist ein Rhythmus, bei dem jeder mit muss.

Yul Brynner (1920-1985), eigentlich Juli Borissowitsch Briner, war ein US-amerikanischer Filmschauspieler mit enormer Leinwandpräsenz. Seine bemerkenswertesten Filme: „Die Brüder Karamasow", „Die glorreichen Sieben", „Westworld". Sein Markenzeichen war die Glatze. Um ein Haar wäre er größer als 1,73 m gewesen.

Eric Burdon ist ein 1,70 m großer britischer Rocksänger, der mit seiner sagenhaften Stimme und seiner unglaublichen Bühnenpräsenz alle um ihn herum in Erstaunen versetzt. Größter Hit: „House Of The Rising Sun". War mit Jimi Hendrix (1,80 m) befreundet, aber das erwähnen wir nur am Rande.

Chris de Burgh ist ein britischer Sänger mit Schmusestimme, der mit Hits wie „Don't Pay The Ferryman" oder „Lady In Red" die Menschen weltweit raschelig macht. Der 1,65 m große Pop-Gigant sagt: „Meine Lieder kommen von Herzen – das spüren die Menschen." Er liebt Sauerkraut und Bier. Muss er wissen.

James Cagney (1899–1986) war ein amerikanischer Schauspieler, der oft den Spitzbuben, Fiesling oder Killer spielte. Außerordentlich überzeugend spielte er auch die Rolle des Direktors der Coca-Cola-Filiale in West-Berlin in der Filmkomödie „Eins, Zwei, Drei". Er war 1,69 m groß – und man kann ihn gar nicht genug loben. Sitzen machen!

Truman Capote (1924–1984) war ein amerikanischer Schriftsteller, der nur auf gelbem Papier schrieb. Seine Autobiografie trug den Titel „Ich bin schwul, ich bin süchtig, ich bin ein Genie". Das 1,60 m große Universalgenie sagte über sich selbst: „Ich bin so groß wie eine Schrotflinte und genauso laut." Hieß eigentlich Truman Streckfus Persons.

C

Roberto Carlos ist ein ehemaliger brasilianischer Fußballspieler und heutiger -trainer. Hatte den härtesten Schuss im bezahlten Fußball (203 km/h). Besonders die Flatter-Freistöße des nur 1,67 m großen linken Verteidigers waren gefürchtet. Dortmunds Ex-Keeper Stefan Klos: „Erst im letzten Moment sieht man, wohin der Ball geht." Oliver Kahn: „Man darf nicht dran denken, sonst wirst du verrückt." Der Brasilianer wurde auch „Giftzwerg" genannt. Wie kommt man auf so was?

Nicolae Ceausescu (1918–1989) war von 1965 bis 1989 rumänischer Staatspräsident, der den Wetterbericht fälschte, um die frierende Bevölkerung zu täuschen. Zusammen mit seiner Ehefrau Elena wurde der nur 1,65 m große Diktator am 25. Dezember 1989 von einem Militärgericht in Bukarest zum Tode verurteilt.

Adriano Celentano ist ein italienischer Schauspieler und Sänger, der mit seinem Lied „Azzurro" alle ganz narrisch gemacht hat. Der hüftenwackelnde kleine Italiener (1,72 m) mit den rehbraunen Augen ist ein Typ, nach dem sich die Frauen umdrehen. Das Hammerstück „Azzurro" wurde von Peter Rubin gecovert, der wegen seiner Körpergöße (1,98 m) schon früh den Titel „Größter Schlagersänger Deutschlands" erhielt. Naja, naja.

Jackie Chan ist ein Schauspieler, Regisseur und Action-Star aus Hongkong und Nachfolger von Bruce Lee (1,70 m). Der 1954 geborene Chan ist mit 1,68 m nicht der Größte, aber er steckt sie alle in die Tasche. Der kann das.

Michael Chang war mit 16 der jüngste amerikanische Daviscup-Spieler und in Wimbledon der Jüngste, der je den Center Court betreten durfte. Spielte aggressiv und hatte einen mordsmäßigen ersten Aufschlag (190 km/h). Wurde auch „der rasende Zwerg" (*Bild*) genannt. Der Tennisspieler (1,72 m) geht in seiner Freizeit gerne angeln. Er ist verheiratet.

Charlie Chaplin (1889–1977) war ein britischer Komiker, Schauspieler und Regisseur. Über seine insgesamt 87 Filme lachte das Publikum Freudentränen. Seine berühmtesten Rollen spielte er in „Der Vagabund", „Rampenlicht" und „Der große Diktator". Er war viermal verheiratet und 1,60 m groß. Einmal nahm er an einem Charlie-Chaplin-Ähnlichkeitswettbewerb teil – und verlor. Da war vielleicht was los.

Frédéric Chopin (1810–1849) war ein polnischer Komponist und populärer Pianist. Der 1,70 m große Musiker gilt als größte Persönlichkeit in der Musikgeschichte Polens. Juhu!

Nikita Chruschtschow (1894–1971) war ein sowjetischer Politiker, Partei- und Regierungschef. Er war 1,60 m groß und impulsiv. Unter seiner Fuchtel kam es 1962 während der Kuba-Krise fast zum Atomkrieg mit US-Präsident John F. Kennedy (1,78 m).

Winston Churchill (1874–1965) war ein britischer Politiker und gilt als bedeutendster Staatsmann des 20. Jahrhunderts. Der 1,70 m große Premierminister war auch ein grandioser Schriftsteller und erhielt 1953 den Nobelpreis für Literatur. Seine Maxime: „No sports!"

Ernst Cincera (1928–2004) war ein Schweizer Politiker (FDP), für den seine Größe (1,63 m) selbst als Kind kein Problem gewesen ist: „Vielleicht bin ich ein so natürlich autoritärer Typ, dass die Größe keine Rolle spielt." Vielleicht, vielleicht auch nicht.

Javier Clemente ist ein spanischer Fußballtrainer (1,57 m) und wird „Napoleon" gerufen, hat also praktisch keine Ahnung von Fußball.

Kurt Cobain (1967–1994) war ein amerikanischer Rockmusiker, der als Sänger, Texter und Gitarrist der Grunge-Band „Nirvana" eine Blitzkarriere machte. Das Wahnsinns-Album „Nevermind" gilt als Meilenstein der Musikgeschichte und verkaufte sich bis heute über 30 Millionen Mal. Der 1,70 m große Leadsänger setzte mit 27 Jahren seinem Leben ein Ende. Letzte Worte in seinem Abschiedsbrief: „It's better to burn out than to fade away."

Billy Cobham ist ein erfolgreicher Jazz-Schlagzeuger aus Panama mit einer fulminanten Technik. Er ist 1,72 m groß und zählt neben Ginger Baker, Bill Bruford, John Bonham, Gene Krupa und Manu Katché zu den besten Schlagzeugern der Welt. Nun freu dich doch mal.

Eberhard Cohrs (1921–1999) war der berühmteste Komiker in der DDR. Der 1,56 m große Dresdener nannte sich „Der Kleene mit der großen Gusche." Guuder Witz von ihm: „Hamse mal 'ne Mark – im Gonsum, da gibt's Quark." Kurz darauf fiel die Mauer. Hammer gelacht.

Phil Collins ist ein britischer Schlagzeuger, Songwriter und Pop-Sänger. Hat weltweit über 100 Millionen Platten verkauft. Seine größten Hits: „In The Air Tonight", „This Must Be Love", „Sussudio", „Another Day In Paradise". Der 1,67 m große Sänger wird auch im Spaß „Little Elvis" genannt. We are not amused.

Marc Conrad ist ein deutscher TV-Produzent und Ex-Unterhaltungschef bei RTL. Der 1,65 m große Fernsehmacher wird auch „Little Napoleon" genannt. Bleiben Sie dran! Wir sind nach der Werbung wieder da.

Joaquin Cortés ist ein spanischer Tänzer, der meistens mit nacktem Oberkörper Flamenco tanzt. Wenn der 1,50 m große Spanier die Bühne betritt und „Darf ich bitten?" sagt, fallen die weiblichen Fans in Ohnmacht. Nachbarin, Euer Fläschchen!

Dettmar Cramer (Jahrgang 1925) ist ein ehemaliger deutscher Fußballtrainer, der einmal von Torwartlegende Sepp Maier vor laufender Kamera als „laufender Meter" bezeichnet wurde. Der 1,60 m große Übungsleiter gilt als gewiefter Fußballtaktiker. Seine exakte Analyse lautet: „Die Vollkommenheit ist dann erreicht, wenn ich nichts mehr weglassen kann." Das ist perfekt.

Bing Crosby (1903–1977) war ein amerikanischer Schauspieler und Sänger und 1,70 m groß. Über 200 Schlager wurden durch ihn weltbekannt. Sein Lied „White Christmas" ist das meistverkaufte Weihnachtslied aller Zeiten. In der Vorweihnachtszeit hört man es den ganzen Tag – und abends mit Beleuchtung. Ja, ist denn heut' schon Weihnachten?

Tom Cruise, eigentlich Thomas Cruise Mapother, ist ein amerikanischer Schauspieler, der seit 1981 fast pausenlos vor der Kamera steht: „Mission Impossible I", „Mission Impossible II", „Mission Impossible III". Dem 1,68 m großen Action-Star wird nachgesagt, dass er seiner Ex-Frau Katie Holmes (1,75 m) untersagte, High Heels zu tragen, um so den Größenunterschied zu vertuschen. Am besten reden wir nicht mehr darüber.

Jamie Cullum ist ein britischer Singer-Songwriter, der am 21. April 2006 zum 80. Geburtstag von Queen Elizabeth II. auftrat, die ihren Hut schwenkte vor Vergnügen. Der 1,60 m große Popsänger kann ein ganz Großer werden. Die Menge seiner Autogrammpost wächst ständig, er leider nicht mehr.

Macaulay Culkin ist ein amerikanischer Schauspieler, der 1990 als 11-Jähriger mit „Kevin – Allein zu Haus" zum Kinderstar wurde und sich seitdem auf den Lorbeeren ausruht. Der heute 1,71 m große Senkrechtstarter gilt als launisch. Sein Spitzname: „Mac". Jedes weitere Wort wäre nutzlos.

D

Dalai Lama ist der Titel des höchsten Trülku innerhalb des tibetanischen Buddhismus. Der gegenwärtige 14. Dalai Lama ist der 1,66 m große buddhistische Mönch Tenzin Gyatso, der bereits im Kindesalter als geistiges und weltliches Oberhaupt der Tibeter eingesetzt wurde. Der Dalai Lama rüttelt uns wach und zeigt uns, wo der Hammer hängt. Sein Mantra lautet: „Der Sinn des Lebens besteht darin, glücklich zu sein." Omm und weg.

Joe Dalessandro ist ein amerikanischer Schauspieler, der auch als Akt-Modell ein gefeierter Star war. Er war u. a. das berühmte Model für das Cover der Langspielplatte „Sticky Fingers" von den „Rolling Stones", das sein Freund Andy Warhol (1,68 m) gestaltet hat. Der 1,52 m große Joe Dalessandro wird „Little Joe" genannt. Nicht zu verwechseln mit: Michael Landon.

Salvador Dalí (1904–1989) war ein spanischer Maler und legendärer Schnurrbartzwirbler. Sein Credo: „Ohne Schnurrbart ist ein Mann nicht richtig angezogen." Der 1,70 m große Spanier malte hauptsächlich schmelzende Uhren und brennende Giraffen. Sie brauchen gar nicht so zu kucken.

Glenn Danzig ist ein amerikanischer Rocksänger und Gründer der Band „Danzig". Seine blendende Erscheinung und die tiefe Stimme faszinieren das Publikum. Der 1,60 m große, muskulöse Sängerknabe wird auch gelegentlich „Düsterzwerg" oder „Evil Elvis" genannt. Sein Vater war Fernsehtechniker, seine Mutter hat in einem Plattenladen gearbeitet. That's all, folks.

Edgar Davids ist ein niederländischer Fußballspieler (1,69 m), der im linken Mittelfeld spielt. Bekannt für schnellen Antritt und aggressive Tacklings. Wird deshalb auch „Pitbull" genannt. Trägt zwar keinen Maulkorb, aber immer eine dicke orangefarbene Sportbrille. Der tut nix, der will nur spielen.

Miles Davis (1926–1991) war ein amerikanischer Jazz-Trompeter und gilt als größte Persönlichkeit der Jazzgeschichte. Der 1,69 m große Musiker spielte auf Konzerten meistens mit dem Rücken zum Publikum. Auch ein schöner Rücken kann entzücken.

Sammy Davis Jr. (1925–1990) war ein berühmter amerikanischer Sänger und Entertainer. Sein größter Hit: „Mr. Bojangles". Der 1,63 m große Samuel George Davis, wie er laut Geburtsschein hieß, war auch ein toller Stimmenimitator, Schauspieler und Tänzer. Er verlor bei einem Autounfall sein linkes Auge und war einer der größten Stars des 20. Jahrhunderts. Sein Erfolgsrezept: „Verärgere niemals das Publikum, sonst ist es aus mit dir."

James Dean (1931–1955) war nur 1,73 m groß, drehte nur drei Filme und wurde vor allem mit „... denn sie wissen nicht, was sie tun" zum Idol einer ganzen Generation. Kurz vor dem Kinostart verunglückte der US-Schauspieler im Alter von 24 Jahren am 30. September 1955 mit seinem Porsche auf dem Highway tödlich. Schreck lass nach.

Alain Delon ist ein französischer Filmschauspieler mit überragender gusseiserner Mimik („Der eiskalte Engel"). Der 1,73 m große Delon war von 1959 bis 1964 mit Romy Schneider verlobt. Er wurde am 8. November 1935 in Paris geboren, der Stadt der Liebe. L'amour! L'amour!

Deng Xiaoping (1904–1997) war ein chinesischer Politiker, Kommunist und Parteichef, der von 1976 bis 1997 als Staatspräsident die Volksrepublik China regierte. Deng war 1,52 m groß und wurde als „kleine Kanone" oder „pfeffriger Napoleon" belächelt, war aber der mächtigste Mann der Welt. „Ich sage nur China, China, China!" (Kurt Georg Kiesinger)

Little Jimmy Dickens ist ein amerikanischer Country-Sänger, der in den Fünfziger- und Sechzigerjahren zu den höchstbezahlten Stars der Country-Szene zählte. Der 1920 geborene Sänger ist 1,50 m groß und wurde 1982 in die Country Music Hall of Fame aufgenommen. Yippie ya yeah.

Bo Diddley (1928–2008) war ein Bluesmusiker aus Amerika und gilt als Pionier des Rock'n'Roll. Der 1,70 m große Musiker wurde auf einer kleinen Farm in der Nähe der Stadt McComb im Bundesstaat Mississippi geboren. Das geht runter wie warme Butter.

Engelbert Dollfuß (1892–1934) war ein österreichischer Politiker und Bundeskanzler. War Begründer des austrofaschistischen Ständestaats, wurde beim Juliputsch 1934 von österreichischen Nationalsozialisten im Bundeskanzleramt ermordet. Dollfuß war ein begnadeter Rhetoriker und 1,49 m groß. Das genügt.

Fats Domino (Jahrgang 1928) ist ein US-amerikanischer Sänger, Pianist und Komponist aus New Orleans. Sein Song „I'm Walking" geht auch heute noch in die Beine. Der Rhythm-and-Blues-Musiker ist 1,62 m groß und gehört zu den Legenden des Rock 'n' Roll. Let's have a party!

Robert Downey Jr. ist ein amerikanischer Schauspieler, der mit Filmen wie „Unter Null", „Chaplin", „Iron Man", „Tropic Thunder" für Aufsehen sorgte. In der Comic-Verfilmung „Iron Man" hat der 1,70 m große Hollywood-Star den Superhelden gespielt. Er ist außerdem ein guter Sänger. Es ist hier aber nicht der Platz, um das zu erörtern.

Kirk Douglas (Jahrgang 1916) ist ein amerikanischer Schauspieler, der oft in Western und Abenteuerfilmen zu sehen war. Einige Erfolgsfilme: „Wege zum Ruhm", „Reporter des Satans", „Vincent van Gogh", „Spartacus", „Männer – hart wie Eisen". Der 1,68 m große Hollywood-Star verdiente als Ringer auf Jahrmärkten sein Geld für das Schauspielstudium. Er ist berühmt für sein Grübchen am Kinn und heißt eigentlich Issur Danielowitsch Demsky. Sein Sohn Michael ist auch berühmt, aber etwas größer (1,78 m). Soweit diese Douglas-Sache.

Richard Dreyfuss ist ein amerikanischer Schauspieler, der mit Filmen wie „Zoff in Beverly Hills" weit über seine Heimatgrenzen hinaus bekannt wurde. Dreyfuss ist 1,65 m groß und zum dritten Mal verheiratet. Dreimal Schwarzer Kater.

Dschingis Khan (1162–1227) war ein Eroberer und Begründer des mongolischen Weltreiches. Er war 1,60 m groß und hatte eine Vorliebe für kleine Pelzmützen. Ursprünglich hieß er „Temüdschin" (zu dt.: „Der Schmied"). Nicht zu verwechseln mit: Altkanzler Schmidt (1,70 m).

Fred Durst ist Sänger und Frontman der amerikanischen Band „Limp Bizkit". Er ist 1,62 m groß und einer der größten Rockstars unserer Zeit. Kein Scherz: Durst ist schlimmer als Heimweh.

Rudi Dutschke (1940–1979) war ein deutscher Revolutionär und Anführer der Studentenbewegung von 1968. Er war 1,70 m groß und starb an den Spätfolgen eines Attentats. Nach ihm wurde eine Straße in Berlin benannt, die direkt an die Axel-Springer-Straße grenzt. Grundregel auch hier: Rechts vor links.

Bob Dylan (Jahrgang 1941), eigentlich Robert Allen Zimmerman, ist ein amerikanischer Sänger, Poet und Komponist. Jedes Gedicht, jedes Lied von ihm hat Format. Laut Experten ist „Like A Rolling Stone" der größte Rock'n'Roll-Song aller Zeiten. Trotzdem bleibt der 1,67 m große Folkstar bescheiden und sagt diplomatisch: „Was bedeutet schon Geld? Ein Mensch ist erfolgreich, wenn er zwischen Aufstehen und Schlafengehen das tut, was ihm gefällt." Und alle so: Yeah.

Bernie Ecclestone wird von den Medien wahlweise „Napoleon" oder „Gottvater der Formel 1" genannt. Der Sohn eines englischen Schafhirten, der seit über 40 Jahren die Formel-1-Welt regiert, ist wahnsinnig reich und mächtig und gilt als unverwundbar. Alle fürchten den knapp 1,60 m großen Briten. Es bleibt zu bemerken, dass er große Frauen liebt, allen voran seine Ex-Frau Slavica Ecclestone (1,88 m), die bei der Scheidung 670 Millionen Euro von ihm bekam. Dafür muss eine alte Frau lange stricken.

Horst Ehrmanntraut ist ein deutscher Fußballtrainer (1,67 m), der als „harter Hund" in seiner Branche gilt. War Trainer bei Blau-Weiß 90 Berlin, Eintracht Frankfurt und SV Meppen. Sitzt am liebsten während des Spiels im Trainingsanzug am Spielfeldrand auf einem weißen Plastikstuhl. Wird auch „Napoleon" genannt, der Trainer, nicht der Stuhl.

Albert Einstein (1879–1955) war ein deutscher Physiker, Nobelpreisträger und Vegetarier. Gilt als Inbegriff des Genies. Über seine Körpergröße streiten sich die Gelehrten. In seinem Schweizer „Dienstbüchlein" von 1901 wird eine Körpergröße von 171,5 cm angegeben, aber laut letzter physikalischer Messung war er nur 1,69 m. Ja, was denn nun? Auf jeden Fall war er relativ klein.

Eminem, geboren am 17. Oktober 1972 in St. Joseph im US-Bundesstaat Missouri als Marshall Bruce Mathers III, ist ein US-amerikanischer Rapper und der erfolgreichste Musiker des 20. Jahrhunderts. Er ist 1,72 m groß. Noch Fragen?

Pablo Escobar (1949–1993) war ein kolumbianischer Drogenschmuggler und Chef des sog. Medellin-Kartells. Der 1,65 m große Drogenhändler, dem der Beiname „El Patrón" anhing, war der reichste Mann der Welt. Wurde bei einer Razzia von amerikanischen Elite-Einheiten in Medellin erschossen. An seiner Beerdigung nahmen nach Polizeiangaben 20.000 Menschen teil.

F

Peter Falk (1927–2011) war ein amerikanischer Schauspieler, der vor allem durch seine Rolle als kauziger Inspektor in der Krimiserie „Columbo" zum gefeierten Weltstar wurde. Sein Lieblingssatz war: „Eine Frage hätte ich da noch." Und hier die Antwort wie aus der Pistole geschossen: Peter Falk war 1,67 m groß.

William Faulkner (1897–1962) war ein US-amerikanischer Schriftsteller, der 1950 den Nobelpreis für Literatur erhielt. Bei Kriegseintritt der USA in den Ersten Weltkrieg meldete er sich freiwillig zur Luftwaffe, wurde aber abgelehnt, da er nur 1,67 m groß war. Glück gehabt.

Raymond Fein ist ein TV-Moderator und Pianist aus der Schweiz. Er ist 1,67 m groß. Und hat laut *Sonntagszeitung* damit keine Probleme: „Wie heißt es so schön: klein, aber fein. Ich bin ein lebendes Beispiel dafür." Als Kind habe er im Judo gelernt, dass „es in der physischen Begegnung nicht auf die Größe ankommt". Er wuchs zweisprachig in Zürich auf. Fein, fein.

Marty Feldman (1933–1982) war einer der erfolgreichsten Komiker Englands und löste mit dem Film „Haferbrei macht sexy" eine Welle der Begeisterung aus. Seine Glubschaugen zählen zu den größten der Filmgeschichte. Er war 1,73 m groß und starb mit 48 Jahren an einer Lebensmittelvergiftung. Na, Mahlzeit!

José Feliciano ist ein Gitarrenwunder aus den USA mit einer samtweichen Stimme. Größter Hit des 1,65 m großen, blinden Sängers: „Que sera, sera". Wir wissen nicht, was soll es bedeuten, klingt aber toll.

Steffen Fetzner ist ein ehemaliger Tischtennisspieler (1,69 m), der sie alle von der Platte putzte. Er war Deutscher Meister und Weltmeister. Spitzname: „Speedy".

Herbert Feuerstein ist ein deutscher Journalist, Entertainer und Berufskomiker aus Passion. War Redakteur des Satire-Magazins *Mad* und hat an der Seite von Harald Schmidt (1,94 m) in der TV-Sendung „Schmidteinander" geglänzt. Der studierte Musiker (Klavier, Cembalo, Komposition) ist 1,65 m groß und meistens mit heller Flanellhose und dunkelblauem Blazer bekleidet. Das ist ein ganz interessantes Detail, aber so interessant auch wieder nicht.

F. Scott Fitzgerald (1896–1940) war ein amerikanischer Schriftsteller und 1,70 m groß. Sein größter Erfolg war der Roman „Der große Gatsby", der 1949 mit Alan Ladd (1,63 m) und 1974 mit Robert Redford (1,72 m) in der Hauptrolle verfilmt wurde. Seine Vornamen hat er von seinem Urgroßonkel Francis Scott Key, dem Dichter der amerikanischen Nationalhymne, falls das jemanden interessiert.

Ken Follett ist ein britischer Publizist und Schriftsteller. Weltweit sind bislang mehr als 60 Millionen Exemplare seiner Bücher verkauft worden. Der 1,70 m große Thriller-Autor („Die Nadel") ist mehrfacher Millionär, fährt Maserati und hat einen riesigen Landsitz in Stevenage/Hertfordshire mit neun Schlafzimmern. Der Letzte macht das Licht aus.

Michael J. Fox ist ein amerikanischer Schauspieler, der vor allem durch seine Rolle als Marty McFly in der fabelhaften Science-Fiction-Trilogie „Zurück in die Zukunft" weltbekannt wurde. Der 1961 in Kanada geborene Schauspieler ist 1,62 m groß und leidet seit 1991 an der Parkinson-Krankheit. Darüber hat er ein Buch geschrieben: „Comeback – Parkinson wird nicht siegen". Der Kampf geht weiter.

Francisco Franco (1892–1975) war ein spanischer General, der von 1939 bis zu seinem Tod in Spanien als Diktator regierte. Wurde in Spanien nur El Caudillo („Der Führer") genannt. Der 1,65 m große General, der als Jugendlicher an Schüchternheit litt und Schuhgröße 39 hatte, führte die Generalgröße von 1,65 m für alle Männer in Spanien ein, unter der das Land heute immer noch leidet. Olé.

Claude Frey, Schweizer Politiker (FDP), der seine Größe (1,63 m) „im Flugzeug eindeutig als Vorteil" empfindet.

Benno Führmann ist ein deutscher Schauspieler und gilt als „Shooting Star" des europäischen Films. Einige Erfolgsfilme seien genannt: „Wolfsburg", „Kanak Attak", „Die Wilden Hühner". Der 1,73 m große Führmann, der in Berlin lebt, wurde kürzlich beim Voting von *BUNTE*.de zum sexiest kleinen Mann gewählt. Fast die Hälfte der Frauen gab ihm die Stimme. Dit is ne Wolke.

Richard Buckminster Fuller (1895–1983) war ein amerikanischer Architekt, Entwickler, Designer, Glücksritter, Schriftsteller, Wissenschaftler, Forscher, Visionär, Philosoph und Genie. Der 1,57 m große Querdenker erhielt 147 Ehrendoktor-Titel und über 1000 Auszeichnungen und Preise. Er wird auch Bucky Fuller genannt. Gut zu wissen.

Louis de Funès (1914–1983) war ein französischer Filmkomiker erster Güte und 1,60 m groß. Jeder seiner kurzweiligen Filme wurde ein Kassenschlager. Nennen wir einige: „Balduin – das Nachtgespenst", „Der Gendarm von St. Tropez", „Oscar hat die Hosen voll", „Der Hammel mit den 5 Beinen", „Alles tanzt nach meiner Pfeife". Der Komiker hieß eigentlich Louis Germain David de Funès de Galarza. Das kommt uns spanisch vor.

Claus Theo Gärtner ist ein deutscher Schauspieler, der durch seine Rolle als Privatdetektiv Josef Matula in der TV-Krimi-Serie „Ein Fall für zwei" bekannt wurde. Der 1,69 m große Schauspieler ist außerdem Werksfahrer für „Mercedes Benz" und nimmt an Autorennen teil. In seiner knappen Freizeit malt er gerne.

Yuri Gagarin (1934–1968) war ein sowjetischer Kosmonaut und der erste Mensch im Weltall. Am 12. April 1961 umkurvte der 1,57 m große Oberst der Luftwaffe mit dem Raumschiff Wostock 1 einmal die Erde (in 106 Minuten). Durfte sich nach der Landung „Held der Sowjetunion" nennen. Außerdem wurde ein Krater auf der erdabgewandten Seite des Mondes nach ihm benannt. Toll!

Noel Gallagher (Jahrgang 1967) ist ein britischer Gitarrist, war Sänger bei der Rockband „Oasis" und ist mit 1,73 m etwas kleiner als sein Bruder Liam (1,78 m). Vielleicht ist das der Grund für den ewigen Bruderzwist?

Mahatma Gandhi (1869–1948) war ein indischer Rechtsanwalt, Asket, Pazifist, Moralist und einer der größten Persönlichkeiten im 20. Jahrhundert. Der 1,59 m große Freiheitskämpfer war der Anführer der indischen Unabhängigkeitsbewegung. Er predigte gewaltloses Handeln und starb durch ein Attentat. Verkehrte Welt.

Bruno Ganz (Jahrgang 1941) ist ein Schweizer Schauspieler, der zu den Großen seines Fachs zählt. Hier einige Erfolgstitel: „Der amerikanische Freund", „Der Untergang", „Brot und Tulpen". Ganz misst ganz genau 1,67 m.

Erroll Garner (1921–1977), amerikanischer Jazz-Pianist und Komponist (1,55 m). Musste Telefonbücher von Philadelphia oder Manhattan auf den Klavierstuhl legen, damit die Höhe stimmte. Manchmal belustigte er sein Publikum, indem er aufstand, eine Seite aus dem Telefonbuch riss und sich wieder hinsetzte. Eins rauf mit Mappe.

Haile Gebrselassie war zweimal Olympiasieger und viermal Weltmeister über 10.000 Meter. Der 1,64 m kleine Äthiopier hielt auch jahrelang den Marathon-Weltrekord (2:03:59). Gilt als Wunderläufer – er läuft und läuft und läuft.

Lowell George (1945–1979) war ein amerikanischer Sänger, Gitarrist und Gründer der Band „Little Feat", benannt nach seinen kleinen Füßen. Der 1,68 m große Musiker kam mit der Platte „Sailin' Shoes" groß heraus und starb mit 34 Jahren nach einem Herzanfall. Seine Asche wurde ins Meer gestreut. You'll never walk alone.

Jean Paul Getty (1892–1976) war ein amerikanischer Unternehmer und Milliardär. War der reichste Mann der Welt und 1,68 m groß. In seinem Haus hing für Gäste ein Münztelefon. Prima Idee. Von nichts kommt nichts.

Mel Gibson ist ein amerikanischer Schauspieler und 1,72 m groß. Seine bekanntesten Streifen: „Mad Max", „Braveheart", „Der Vogel auf dem Drahtseil", „Lethal Weapon". Der drahtige Oscar-Preisträger gilt als kommerziell erfolgreichster Hollywoodstar der Gegenwart und schwierig zugleich, wahrscheinlich vollkommen überdreht. Probier's mal mit Gemütlichkeit!

Joseph Goebbels (1897–1945) war Propagandaminister während der NS-Zeit und enger Vertrauter Adolf Hitlers. Seine Körpergröße von 1,65 m und sein Klumpfuß brachten ihm im Ausland den Spitznamen „Schrumpfgermane" ein. Er stammte aus einfachen Verhältnissen.

Johann Wolfgang von Goethe (1749–1832) war ein deutscher Schriftsteller und Dichter und gilt laut einer Umfrage des Meinungsforschungsinstituts Forsa als der „größte Deutsche" aller Zeiten. „Er ist von mittlerer Größe, trägt sich steif und geht auch so", so Friedrich Schiller. Putzig ist, dass beim Goethe-Schiller-Denkmal in Weimar beide „Dichterfürsten" in gleicher Körpergröße dargestellt sind – obwohl Schiller mit 1,90 m viel größer war als Goethe mit 1,69 m.

Vincent van Gogh (1853–1890) war ein niederländischer Maler und gilt als Begründer der modernen Malerei. Der eigenbrötlerische Künstler war 1,70 m groß und hinterließ 864 Gemälde. Warum er sich ein Ohr abgeschnitten hat, weiß man nicht. Seine Lieblingsfarbe war ein kräftiges Sonnenblumengelb.

Günter Grass ist ein deutscher Schriftsteller, Superchecker und Literaturnobelpreisträger. In seinem ersten Roman „Die Blechtrommel" weigert sich Oskar Matzerath mit drei Jahren weiter zu wachsen, weil er nicht so werden möchte wie die Erwachsenen. Walter Kempowski findet Grass gut und schüttelt in seinem Buch „Umgang mit Größen" eine steile These aus dem Ärmel: „Der große Mann, der nur eins siebzig misst, ragt als Erzähler in unsere profillose Zeit." Günter Grass lebt in der Nähe von Lübeck und schreibt in seiner Freizeit Gedichte.

Gilbert Gress ist ein ehemaliger französischer Fußballspieler, der auch die Schweizer Staatsbürgerschaft besitzt. Der 1,68 m große Rebell am Ball war Publikumsliebling beim VfB Stuttgart. Fuhr Porsche und schnibbelte die Bälle an. Voll krass.

Joel Grey ist ein amerikanischer Schauspieler, der einen Oscar für seine Rolle als Conférencier im Musical „Cabaret" erhielt. Er ist 1,65 m groß – Joel Grey, nicht der Oscar.

Johannes Gross (1932–1999) war einer der führenden Publizisten und Journalisten in Deutschland. Er war lange Chefredakteur und Herausgeber der Zeitschrift *Capital* und Fernsehmoderator und bekannt für seine spitze Zunge. Seine schönsten Aphorismen sind in dem Buch „Für- und Gegenwitz" versammelt. Der 1,62 m große Gross war gut mit Egon Bahr befreundet. Aber das ist wirklich nichts Neues.

Joaquin Guzmán ist ein mexikanischer Drogenhändler, der als der meistgesuchte Verbrecher der Welt gilt. Der Boss des Sinaloa-Kartells misst nur 1,55 m und geht nie ohne seine Knarre ins Bett. Sein Vermögen wird auf eine Millarde Dollar geschätzt, sein Spitzname lautet „El Chapo" (zu dt.: „Der Kurze"). So viel in aller Kürze.

Gregor Gysi ist ein deutscher Politiker (Die Linke) und 1,66 m groß . Von Wiglaf Droste, dem Meister der kurzen Form, gibt es ein Buch mit dem Titel „Wir sägen uns die Beine ab und sehen aus wie Gregor Gysi". Puh.

Georg Hackl ist der erfolgreichste Rodler in Deutschland und 1,72 m groß. „Der kleine Mann aus Berchtesgarden" (*SZ*) ist dreimaliger Olympiasieger und wird auch „Hackl-Schorsch" genannt. Sein Motto: „Rodeln ist mein Leben."

Thomas Häßler ist ein ehemaliger deutscher Fußballer, der auf einem Bierdeckel mehrere Gegenspieler austanzen konnte. Hatte außerdem einen strammen Schuss. „Wie kann ein kleiner 1,66 Stumpen derart hart auf den Ball knallen wie Thomas Häßler?", fragte die *taz* damals voller Bewunderung. Ach ja, „Icke" war Publikumsliebling. Sowieso.

Fabian Hambüchen ist Deutschlands Top-Turner und Olympia-Dritter. Ein Supertyp und 1,63 m groß. Sein Paradegerät ist das Reck. Alte Kunstturner-Weisheit: Ein guter Abgang ziert jede Übung.

Naseem Hamed, genannt Prince Naseem Hamed, ist ein britischer Boxer jemenitischer Abstammung. Der kleine Prinz (1,60 m) hat einen harten Punch und ist Weltmeister im Federgewicht. Lässt sich in einer Sänfte an den Ring tragen, springt mit Leoparden-Höschen in den Ring, schlägt seine Gegner meistens schon in der ersten Runde k.o. und macht anschließend einen Salto. Wir schweigen vor Verblüffung und werfen das Handtuch.

Frank Harris (1856–1936) war ein irisch-englischer Autor, Redakteur, Supermann und Salonlöwe. Der 1,65 m große Schriftsteller war bekannt für seine Taktlosigkeiten. Sein Kumpel Oscar Wilde: „Frank Harris war in jedem großen Haus zu Gast – einmal!". Bekannt wurde Frank Harris auch durch seine Autobiographie „Mein Leben und Lieben", die es auf die Liste pornografischer Bücher schaffte. Er war dreimal verheiratet. Einmal ist keinmal.

Nicolas G. Hayek (1928–2010) war ein Schweizer Unternehmer. Der 1,69 m große Manager war Gründer und Präsident der „Swatch-Group" und hat das „Smart"-Auto erfunden. Hat seine Körpergröße nie als Problem empfunden. Für ihn zählt nicht der Körper, sondern der Kopf, sagte er. Vom Fachmann für Kenner.

Heinrich Heine (1797–1856) war ein deutscher Dichter, Polemiker und Satiriker. Ein 1,60 m großer Mann von brillantem Intellekt, der in alle Richtungen stichelte. Heine über Heine: „Ich bin das Schwert, ich bin die Flamme." Einigermaßen genervt von Deutschland siedelte er 1831 nach Paris über. In seinem Pass stand womöglich: „Besondere Kennzeichen: Heine."

Hugh Hefner (Jahrgang 1926) ist Gründer und Herausgeber des weltbekannten Männermagazins *Playboy*, das eigentlich „Stag-Party" heißen sollte (auf deutsch etwa: „Stehparty"). Der 1,67 m große Playboy ist einer der Sponsoren des berühmten Hollywood-Schriftzuges – er nahm sich den Buchstaben Y. Von den anderen Sachen wollen wir erst gar nicht reden.

Horst Heldt ist ein ehemaliger deutscher Fußballspieler, der „leicht zu übersehen war" (*SZ*), aber heute als Fußballmanager ein ganz Großer ist. Er misst 1,69 m und versichert glaubhaft: „Wenn ich das Wort Krise höre, kriege ich die Krise." Ende Gelände.

Jan Hempel ist ein deutscher Wasserspringer (1,68 m), der über 50 nationale Titel gewonnen hat. War außerdem Olympiasieger und Europameister vom Drei-Meter-Brett. Beherrscht als einziger Turmspringer auf der Welt den eineinhalbfachen Salto mit viereinhalb Schrauben. Probieren Sie das mal!

Sepp Herberger (1897–1977) war ein deutscher Fußballtrainer, dessen größter Erfolg der Gewinn der Weltmeisterschaft 1954 war („Wunder von Bern"). Der gebürtige Mannheimer, der eigentlich Josef Herberger hieß, war 1,67 m groß und berühmt für seine Fußball-Weisheiten wie „Der Ball ist rund" oder „Ein Spiel dauert 90 Minuten", um nur zwei von drei zu nennen.

John Hillerman (1,70 m) ist ein amerikanischer Schauspieler, der als Butler von Tom Selleck (1,93 m) in der TV-Serie „Magnum" glänzte. Und als Hoteldirektor in „Is was, Doc?", dem zweitbesten Film der Welt. Trinkt am liebsten Champagner und raucht Zigaretten mit Silberspitze. Nobel geht die Welt zugrunde.

Hirohito Aikihito Tsujuju No Mija (1901–1989) war der 124. Tenno Japans und Kaiser. Er war 1,65 m groß. Wir merken uns: Was in Japan ist der Tenno, ist in Frankfurt Brezel Benno!

Alfred Hitchcock (1899–1980) war ein britischer Filmregisseur, der als „Meister der Spannung" schnell bekannt wurde. Seine Filme sind bis zur Atemlosigkeit spannend, denken wir nur an „Die Vögel", „Psycho", „Marnie", „Frenzy", „Das Fenster zum Hof", „Der unsichtbare Dritte". Und, das Spannendste: „Hitch" hatte eine Schwäche für mondän reservierte blonde Schauspielerinnen wie Grace Kelly, Tippi Hedren und Kim Novak. „Ich brauche Damen, wirkliche Damen, die dann im Schlafzimmer zu Nutten werden", sagte der 1,70 m große Meisterregisseur. Licht aus – Spot an.

Adolf Hitler (1889–1945) war Diktator des „Tausendjährigen Reiches" in Deutschland, das von 1933 bis 1945 dauerte. Er war ein böser kleiner Mann (1,72 m) mit einem bösen kleinen Bart. Wurde auch spöttisch als „Gröfaz" (größter Feldherr aller Zeiten) bezeichnet.

Bernhard Hoëcker ist ein deutscher Comedian, der oft auf dem Bildschirm zu sehen ist. Keine Sendung ohne eine Anspielung auf seine Körpergöße (1,59 m), aber Hoëcker, der als Jongleur begann, zeigt immer Größe und Geistesgegenwart, ist immer auf der Höhe der Zeit. Chapeau mit O.

Dustin Hoffman ist ein amerikanischer Schauspieler, der in seinen Rollen durch seine Wandlungsfähigkeit rundum begeistert hat, zum Beispiel als Autist Raymond in „Rain Man“, als Dame in „Tootsie“ oder als Ehemann in „Kramer gegen Kramer“. Der Hollywood-Star soll wegen seiner Körpergröße (1,66 m) jahrelang den Therapeuten aufgesucht haben. Man steckt nicht drin.

Paul Hogan ist ein australischer Schauspieler, der durch seine Rolle in den Crocodile-Dundee-Filmen bekannt wurde. Der Krokodiljäger ist 1,72 m groß.

François Hollande ist ein französischer Politiker („Parti socialiste“) und seit dem 15. Mai 2012 Staatspräsident von Frankreich. Der Nachfolger von Nicolas Sarkozy (1,65 m) ist 1,70 m groß. Sitzt, passt, wackelt und hat Luft.

David Holston ist ein US-amerikanischer Basketballspieler, der in Quakenbrück bei den Artland Dragons spielt und mit 1,67 m der kleinste Profi der BBL ist. Sein kurzer Kommentar: „Man braucht auf jeden Fall ein riesiges Selbstvertrauen, das die fehlende Größe kompensiert. Ich persönlich traue mir zu, dass ich alles schaffen kann.“ Ein starker Korbjäger und Vorbild für alle. Weiter so.

Erich Honecker (1912–1994) war ein deutscher kommunistischer Politiker (SED) und Staatsratsvorsitzender der DDR, die 1989 „wie ein falsch montiertes Chemieklo“ (Rayk Wieland) zusammenbrach. Honecker war 1,68 m groß und gelernter Dachdecker. Das sollte nur noch einmal überdacht werden.

J. Edgar Hoover (1895–1972) war der Begründer des „Federal Bureau of Investigation" (FBI) und 48 Jahre lang dessen Boss. Galt als der mächtigste Mann der Welt. Der 1,71 m große Geheimdienst-Chef überlebte acht US-Präsidenten, die unter ihm arbeiteten. Ohne Anwalt sagen wir jetzt nichts mehr.

Anthony Hopkins (Jahrgang 1937) ist ein walisischer Schauspieler, der in Hollywood zu den Superstars gehört. Für seine Rolle als Hannibal Lecter in „Das Schweigen der Lämmer" kassierte der 1,73 m große Vollblutschauspieler den Oscar, den höchsten Filmpreis.

Bob Hoskins ist ein britischer Schauspieler, der sich in Hollywood schnell durchsetzte. Erfolg reihte sich an Erfolg: „Falsches Spiel mit Roger Rabbit", „Meerjungfrauen küssen besser", „Die Hollywood-Verschwörung". Der 1,66 m große Spitzenstar ist zum zweiten Mal verheiratet. Dreimal ist Oldenburger Recht.

Harry Houdini (1874–1926) war ein Entfesselungs- und Zauberkünstler ungarischer Herkunft, der die ganze Welt mit seinen Tricks fesselte. Er war der größte Star seiner Zeit und 1,65 m groß. Das war eigentlich alles.

Mick Hucknall ist ein britischer Musiker und Gründer der weltberühmten Gruppe „Simply Red". The greatest hits: „Holding Back The Years", „It's Only Love", "If You Don't Know Me By Now". Der rothaarige Sänger (1,64 m), der immer so singt, als hätte er heißen Rotkohl im Mund, ist Fußballfan und hat versucht, den Verein „Manchester United" zu kaufen. Rote Karte!

König Hussein I. (1935–1999), eigentl. Hussein bin Talal, war von 1952 bis 1999 König von Jordanien und 1,60 m groß. Er war ein begeisterter Funkamateur. So schön hatten wir uns das nicht vorgestellt.

Johnny Hyde (1895 –1950) war ein 1,51 m großer Talentscout und Hollywood-Agent, der unsterblich in die 1,66 m große Marilyn Monroe (93 – 58 – 94) verliebt war und deswegen Frau und Kinder verließ. Oh, Sünde!

Jörg Immendorf (1945–2007) war ein deutscher Maler, Bonvivant und Bildhauer (1,72 m). Gilt als bedeutendster zeitgenössischer Künstler in Deutschland, der immer Klartext geredet hat: „Malerei sollte nicht zur hektischen Pinselei ohne Position werden." Ja, nee, is klar.

Andrés Iniesta ist ein spanischer Fußball-Nationalspieler und gilt als der beste Fußballer der Welt. Der 1,70 m große Barcelona-Star verliert nie den Ball und hat magische Kräfte. Name im Heimatland: Andrés Iniesta Luján; Geburtsdatum: 11.05.1984; Position: Zentrales Mittelfeld; Fuß: rechts; Marktwert: 65 000 000 Euro. Stand: Mai 2012.

Michael Jackson (1958–2009) war ein amerikanischer Sänger, Komponist und Tänzer und der ungekrönte König des Pop, eben der „King of Pop". Allein die Single „Billie Jean" wurde weltweit 5 Millionen Mal verkauft. Und „Thriller" wurde über 60 Millionen Mal vertickt und gilt als das erfolgreichste Album aller Zeiten. „Jacko" war 1,68 m groß. Damit ist wohl alles gesagt.

J

Mick Jagger führt seit gefühlten 100 Jahren die britische Rockgruppe „The Rolling Stones" als Sänger, Waschbrettbauch und Rampensau zu Ruhm und Reichtum. Größter Hit: „I Can't Get No Satisfaction". Von Bedeutung ist noch, dass der 1,73 m große und rüstige Rock-Rentner wegen seiner „Verdienste um die Popmusik" von der Queen zum Ritter geschlagen wurde. Der nächste Tanz ist wieder mit Musik.

Viktor Janzky ist der kleinste Olympia-Teilnehmer aller Zeiten. Der nur 1,33 m große aus Usbekistan stammende Gewichtheber stieß locker 142 Kilo. Nicht zu fassen.

Elton John ist ein britischer Sänger, Pianist und Komponist, der mit „Candle In The Wind" den größten Verkaufsschlager aller Zeiten schrieb. Der 1,65 m große Popstar, der früher mit schrecklichen Brillen von seinem beginnenden Haarausfall ablenkte, zählt heute zu den erfolgreichsten Musikern der Welt, hat insgesamt über 500 Millionen Platten verkauft und wieder volles Haar. Nur wenige wissen, dass er eigentlich Reginald Kenneth Dwight heißt.

Quincy Jones ist ein afro-amerikanischer Jazztrompeter, Arrangeur und Bandleader, der fast ohne Pause Musik komponiert. Der gefeierte Star aus Chicago ist 1,68 m groß. Das hört sich gut an.

Kim Jong Il. (1941–2011) war ein Diktator aus Nordkorea und inoffiziell 1,60 m groß. Um größer zu wirken, trug er eine Dauerwelle und Spezial-Herrenschuhe mit extra hohen Absätzen. Ließ sich „Großer Führer" oder „Sonne der Zukunft" nennen. Alles Pillepalle.

Urs Kälin ist ein ehemaliger Schweizer Skirennläufer, der dreimal die Silbermedaille im Riesenslalom gewann. Silber! Im Riesenslalom! Kälin ist 1,66 m groß. Da schau her.

Erich Kästner (1899–1974) war ein deutscher Schriftsteller, der vor allem durch seine erstklassigen Kinderbücher berühmt wurde. Greifen wir folgende heraus: „Der kleine Mann", „Pünktchen und Anton", „Als ich ein kleiner Junge war". Kästner war 1,68 m groß. Das überrascht uns nicht.

Immanuel Kant (1724–1804) war ein herausragender Philosoph und der größte deutsche Denker aller Zeiten. Der 1,52 m große Kant, der seine Heimatstadt Königsberg nie verlassen hat, war tatsächlich ein schlauer kleiner Mann. Als er einmal Kaffee trinken wollte, wurde ihm von einem Bediensteten versichert, der Kaffee komme gleich, woraufhin Kant nur gebrummt haben soll, dass das ganze Elend eben darin liege, dass der Kaffee gleich komme und nicht jetzt.

Lech Kaczynski (1949–2010) war ein polnischer Politiker (PiS) und Präsident des Landes. Starb beim Absturz seines Dienstflugzeuges in Russland. Er hat einen Zwillingsbruder Jaroslaw, der Ministerpräsident des Landes war. Die Brüder wurden wegen ihrer Körpergröße (1,57 m) im Volksmund auch als „kleiner Enterich" und „großer Enterich" bezeichnet. Jedem Tierchen sein Pläsierchen.

Herbert von Karajan (1899–1974) war ein österreichischer Dirigent, der zu den größten Dirigenten des 20. Jahrhunderts zählt (1,69 m). Geboren als Heribert Ritter von Karajan. Das gibt uns zu denken, aber mehr auch nicht.

Elia Kazan (1909–2003) war ein 1,73 m großer amerikanischer Filmregisseur, der mit dem „Ehrenoscar" für sein Lebenswerk ausgezeichnet wurde. Hier einige seiner Erfolgsfilme: „Jenseits von Eden", „Endstation Sehnsucht", „Die Faust im Nacken", „Der letzte Tycoon". Er starb eines natürlichen Todes im Alter von 94 Jahren in New York. Klappe, die letzte.

Buster Keaton (1895–1966) war ein amerikanischer Schauspieler und gilt als einer der größten Filmkomiker aller Zeiten. Sein Film „Der General" war wirklich ein Kunstwerk. Allein schon die Eisenbahnszenen! Das Markenzeichen des 1,65 m großen Stummfilmstars war sein Pokerface. Buster Keaton wurde völlig zu Recht „Der Mann, der niemals lachte" genannt. Das wäre in groben Zügen das Wichtigste über Buster Keaton.

John Keats (1795–1821) war der wichtigste Dichter der englischen Romantik, schrieb u. a. das Gedicht „Ode an eine Nachtigall". Starb im Alter von nur 25 Jahren an Tuberkulose und war 1,54 m groß. Ein bemerkenswerter Fall.

Kevin Keegan ist ein ehemaliger englischer Fußballspieler, der von 1977 bis 1980 beim HSV kickte. Der kleine Stürmer (1,68 m) wurde bisweilen zärtlich „Mighty Mouse" genannt. Man könnte auch sagen: Entscheidend ist auf'm Platz.

Harvey Keitel ist ein gefragter amerikanischer Schauspieler und ein überzeugter Pazifist (1,71 m). Sein bekanntester Film: „Copkiller". Zum Schießen.

Gottfried Keller (1819–1890) war ein Schweizer Schriftsteller und ist einer der erfolgreichsten deutschsprachigen Schriftsteller des 19. Jahrhunderts. Größter Erfolg: „Der grüne Heinrich". Er war 1,48 m groß. Ein sogenanntes Kellerkind (kleiner Scherz).

John Harvey Kellogg (1852–1943) war ein amerikanischer Arzt und Ernährungsspezialist, der die Cornflakes erfunden hat. Er leitete ein eigenes Sanatorium und wird von T.C. Boyle im Roman „Willkommen in Wellville" wie folgt beschrieben: „Dr. Kellogg selbst war ein kleiner Mann. Das lag nicht so sehr daran, dass er klein gewachsen war, es lag vielmehr daran – so beliebte er es auszudrücken –, dass seine Beine nicht lang genug waren." Es ist zudem ein offenes Geheimnis, dass die Verpackung von Cornflakes mehr Nährstoffe hat als die Cornflakes in ihr. Klar ist auch, dass Dr. Kellogg 1,64 m groß war. Knurps.

Nik Kershaw ist ein britischer Popmusiker, der mehrere Instrumente beherrscht. Bei seinem Song „Wouldn't It Be Good" gibt es bei den Fans kein Halten mehr. Der 1,62 m große Musiker hat auch ein Buch geschrieben, das einen kritischen Blick auf das Musikgeschäft wirft. Sein Sinn für Humor kommt naturgemäß britisch daher.

Khalid Scheich Mohammed alias Muktur al-Baluchi ist Mitglied der Terror-Organisation al-Qaida und gilt als der Hauptplaner der Anschläge vom 11. Septemer 2001. Der selbsternannte „militärische Führer" ist 1,55 m groß und sitzt seit 2003 im amerikanischen Militärgefängnis in Guantánamo auf Kuba. Klein, aber gemein.

Ben Kingsley ist ein britischer Schauspieler, der für seine Darstellung historischer Persönlichkeiten wie Gandhi (1,59 m) und Lenin (1,64 m) bekannt ist. Der 1,73 m große Darsteller wurde von Königin Elizabeth II. geadelt und darf sich „Sir" nennen. Film ab!

Klaus Kinski (1926-1991), eigentlich Klaus Günter Karl Nakszynski, war ein deutscher Schauspieler, der am laufenden Band in Italowestern und Edgar-Wallace-Filmen Bösewichte spielte. Privat soll der 1,72 m große Kinski das genaue Gegenteil seiner Filmrollen gewesen sein: Ein sanfter, ruhiger, liebenswürdiger Mensch. Nach ihm wurde die Duisburger Punkband „Die Kinskis" benannt.

Ulf Kirsten ist ein ehemaliger deutscher Fußballspieler, der über seinen Trainer Christoph Daum und dessen Motivationskünste sagte: „Wenn du 1,50 m groß bist, sagt er, du seist in Wahrheit einsachtzig. Und du legst dich mit jedem an, weil du es glaubst." Ulf Kirsten misst in echt 1,70 m. Schiedsrichter, Telefon!

Henry Kissinger ist ein amerikanischer Politiker und ehemaliger Außenminister. Der am 27. Mai 1923 in Fürth als Heinz Alfred Kissinger geborene US-Politiker ist 1,72 m groß und eng mit Altkanzler Helmut Schmidt (1,70 m) befreundet. Kissinger sagte einmal, er hoffe vor Schmidt zu sterben, denn er wolle in keiner Welt leben, in der es keinen Helmut Schmidt gebe. Well spoken, Mr. Kissinger.

Fritz Klein ist ein deutscher Sportjournalist (Golf, Pferde, Fußball) und war Hauptabteilungsleiter Sport beim NDR. „Man sagt mir einen autoritären Führungsstil nach. Aber an die Spitze kommt man nur mit Strategie und Köpfchen", sagte der 1,64 m große Klein. Aber das ist doch unser Reden!

Manfred Klein ist ein 1,70 m großer deutscher Ruderer, der von 1972 bis 1992 Steuermann in der Deutschen-Ruder-Nationalmannschaft war. Holte viermal Gold im Achter. Und bei der Olympia-Eröffnung 1992 in Barcelona war er unser Fahnenträger. *Bild* sah die Sache eher sprachspielerisch und formulierte es so: „Da war der kleine Manfred Klein der Größte: Eine große Auszeichnung."

Thomas Koschwitz ist ein deutscher TV- und Radiomoderator und 1,72 m groß. Und damit zurück in die angeschlossenen Sendeanstalten.

Lenny Kravitz ist ein amerikanischer Rocksänger und Gitarrist und der vielleicht größte Womanizer der Welt. Und im Nebenberuf ist der 1,70 m große Musiker auch noch Innenarchitekt. „Die Leute sind manchmal sehr überrascht, wenn sie mich im Gebäude sehen und ich einen Bauarbeiterhelm aufhabe", sagte er der *New York Times*. Wer weiß schon, wozu es gut ist?

Daniel Küblböck ist ein deutscher Sänger und Entertainer. Auf seiner Homepage verrät er seine Größe: 1,72 m. Er feiert am 27. August Geburtstag. Wir gratulieren herz rechtlich.

Paul „Paulchen" Kuhn ist ein deutscher Pianist und Sänger, der mit Liedern wie „Es gibt kein Bier auf Hawaii" und „Der Mann am Klavier" zum Liebling der Nation wurde. Der sympathische Schlagerstar ist 1,70 m groß. Daumen nach oben.

Alan Ladd (1913–1964) war ein amerikanischer Filmschauspieler, dessen größter Erfolg die Hauptrolle in dem Film „Der große Gatsby" war. Der 1,63 m große Mann sprach auch die unsterblichen Worte: „Ein Mann muss tun, was ein Mann tun muss." Genau.

Oskar Lafontaine ist ein deutscher Politiker (SPD) der aufgrund seiner Körpergröße und der ihm immer wieder nachgesagten Geltungssucht bzw. Vorliebe für die französische Küche auch „Napoleon von der Saar" genannt wird. Wir wollen das nicht weiter erörtern.

Karl Lagerfeld (Jahrgang 1933) gilt als der beste Modemacher der Welt und misst 1,72 m. Seine Spezialität sind Kurzwaren aller Art.

Philipp Lahm ist ein deutscher Fußballspieler und besticht durch seine Leichtigkeit und Spielfreude. Meldet jeden groß gewachsenen Stürmer ab. Heißt zwar Lahm, ist aber pfeilschnell. Ein eleganter Außenverteidiger, der 1,70 m groß ist und bei Bayern München spielt. Wir möchten darauf hier nicht näher eingehen, denn unser Lieblingsverein ist und bleibt der SV Werder Bremen. Werder! Werder!

Willie Landgraf ist ein ehemaliger Fußballspieler, der bei Alemannia Aachen spielte und Publikumsliebling („Williiiiiiie!") am Tivoli war. Der 1,66 m große Abwehrspieler kämpfte um jeden Ball und hing am Gegenspieler wie ein Terrier am Postboten. Komm, noch einmal beißen!

Stan Laurel (1890–1965) war ein britisch-amerikanischer Komiker (1,73 m) und die bessere Häfte von Laurel & Hardy. Er schrieb die Drehbücher und dachte sich die Gags aus, bekam deshalb auch die doppelte Gage. Wurde als Arthur Stanley Jefferson in England geboren. Auf seinem Grabstein steht: „Ein Meister des Humors. Sein

Genius der Kunst des Humors brachte der Welt, die er liebte, Freude." Er war fünfmal verheiratet. Noch was für die Statistiker: Oliver Hardy war 1,85 m groß.

Ralph Lauren ist ein amerikanischer Modedesigner, der unter anderem das kurzärmelige Polohemd erfunden hat, das nicht gebügelt werden muss. Der Designer ist 1,67 m groß und oft in den Schlagzeilen. Laut *Forbes* ist er mit einem Vermögen von 7,5 Milliarden Dollar einer der reichsten Amerikaner. Schön und gut, aber das letzte Hemd hat keine Taschen.

Thomas Edward Lawrence (1888–1935), auch bekannt als „Lawrence von Arabien", war ein britischer Archäologe, Geheimagent und Schriftsteller, der durch seine Beteiligung am Aufstand der Araber gegen das Osmanische Reich während des 1. Weltkrieges zu Weltruhm gelang. Er war 1,66 m groß und hieß bei den Beduinen nur „Der Goldmann". Nicht zu verwechseln mit: Der Eiermann.

Bruce Lee (1940–1973) war ein amerikanischer Schauspieler und Kampfkünstler. Hat die Welt des Kampfsports mit seinen Kung-Fu-Künsten revolutioniert. Seine größten Erfolge: „Die Todesfaust des Cheng Li", „Todesgrüße aus Shanghai", „Der Mann mit der Todeskralle". Der Action-Darsteller war 1,70 m groß, 63 kg schwer, stark kurzsichtig, und seine Beine waren ungleich lang. Sein Spitzname war „Kleiner Drache". Wie süß.

Lenin (1870–1924) war ein kommunistischer Politiker aus Moskau und gilt als Begründer der Sowjetunion. Er hieß in Wirklichkeit Wladimir Iljitsch Uljanow. Sein Pseudonym „Lenin" ist aber schön kurz, genauso wie er selbst (1,64 m).

Jerry Lewis (Jahrgang 1926) ist ein amerikanischer Film- und Fernsehkomiker, der das Publikum mit seinen Späßen begeistert. Am bekanntesten sind seine Filme „Der verrückte Professor", „Der Bürotrottel", „Aschenblödel", „Der Tölpel vom Dienst". Er zählt heute zu den anerkannten Weltstars und ist 1,71 m groß. Besonders bemerkenswert: Nie gab es einen Skandal in seinem Leben.

Georg Christoph Lichtenberg (1724–1799) war ein deutscher Mathematiker, Astronom, Physiker und Satiriker. Litt an einer Wirbelsäulenverkrümmung, die zu einer Körpergröße von 1,50 m führte. Berühmt durch seine Aphorismen wie zum Beispiel: „Die kleinsten Unteroffiziere sind die stolzesten".

Stefan Lindemann ist ein deutscher Eiskunstläufer (1,63 m), der bei der WM 2004 in Dortmund Bronze gewann. Während seiner Kür jubelten die Zuschauer derart, dass die Musik („Der kleine Däumling") praktisch nicht mehr zu hören war. Doch Lindemann blieb eiskalt.

Jürgen von der Lippe ist ein Komiker, Sänger, Buchautor und Fernsehmoderator aus dem Sauerland. War Mitglied der „Gebrüder Blattschuß", die mit dem Lied „Kreuzberger Nächte" megaerfolgreich waren. Hans-Jürgen Hubert Dohrenkamp, wie er mit bürgerlichem Namen heißt, ist 1,72 m groß, trägt am liebsten schöne schrille Hawaii-Hemden und riskiert immer eine dicke Lippe. Wat is?

Bixente Lizarazu ist ein ehemaliger französischer Fußballspieler. Der wieselflinke Linksfuß wurde mit der „Equipe Tricolore" 1998 Weltmeister und 2000 Europameister. Der 1,69 m große Nationalspieler sagt: „Sport ist eine Droge für mich. Ich liebe es, an meine Grenzen zu gehen." Kommt gebürtig aus Bilbao. Ach, wissen Sie was? Vergessen Sie's!

Klaus Löwitsch (1936–2002) war ein deutscher Schauspieler, der über sich selbst im *Spiegel* sagte: „Ich bin ein kleiner Mann, ich bin nicht hübsch, ich bin empfindlich, ich bin eitel. Manchmal möchte ich behandelt werden, als wäre ich 1,90 m groß." Die Älteren erinnern sich vielleicht: Löwitsch war 1,69 m groß.

Wolf von Lojewski (Jahrgang 1937) ist ein deutscher Fernsehjournalist (1,72 m), der auf auf die Frage, ob er gerne größer gewesen wäre, mal in einem Fragebogen geantwortet hat, dass er gerne in jungen Jahren 10 cm größer gewesen wäre.

Loriot (1923–2011), eigentlich Bernhard-Victor Christoph Carl von Bülow, kurz Vicco von Bülow, war der größte deutsche Humorist (1,73 m) aller Zeiten, denn er ist von zeitlosem Witz. Ach was!

Peter Lorre (1904–1964) war ein amerikanischer Schauspieler und 1,65 m groß. Bekanntester Film: „M – Eine Stadt sucht einen Mörder". Eigentlicher Name: László Loewenstein. Ein großartiger Schauspieler. Das langt.

Ernst Lubitsch (1892–1947) war ein deutsch-amerikanischer Filmregisseur, der die schönsten Komödien der Filmgeschichte gedreht hat – wie zum Beispiel „Sein oder Nichtsein", „Serenade zu dritt", „Blaubarts achte Frau", „Ärger im Paradies" oder „Ninotschka". Er war 1,70 m groß und Zigarrenraucher. Seine Filme, die allesamt zu Klassikern wurden, sind hochkomisch, leicht und erhellend. Nach ihm ist der Lubitsch-Touch benannt. Wir verneigen uns.

George Lucas ist ein amerikanischer Drehbuchautor und Regisseur. Greifen wir von seinen Erfolgsfilmen nur zwei heraus: „Krieg der Sterne", „Die Rückkehr der Jedi-Ritter". Der 1,70 m große Lucas ist mit einem geschätzten Vermögen von 3 Milliarden US-Dollar einer der reichsten Männer der Welt. Möge die Macht mit ihm sein.

Heinrich Lummer ist ein deutscher Politiker (CDU) und ehemaliger Innensenator von Berlin. Er ist 1,58 m groß und Ehrenpräsident des Vereins „Die deutschen Konservativen". Wo liegt eigentlich Lummerland?

Martin Luther (1483–1546) war ein deutscher Theologe und Reformator. Der 1,63 m große Prediger hat mit der Neuübersetzung der Bibel Aufsehen erregt. Hat angeblich auch 95 Thesen an die Tür der Schlosskirche in Wittenberg genagelt. Aber das ist schon ein Weilchen her.

M

James Madison (1751–1836) war der vierte Präsident der USA und einer der Gründungsväter der Vereinigten Staaten. Er war mit 1,62 m der kleinste US-Präsident aller Zeiten. Besaß große Plantagen und war sehr reich. Sein Bild ziert den 5.000 Dollar-Geldschein und wird deshalb gerne „Madison-Porträt" genannt. Der einzige Politiker, von dem wir gerne ein Porträt hätten.

Peter Maffay ist ein deutscher Musiker und Sänger. Größter Hit: „Über sieben Brücken musst du gehen". In einem *stern*-Interview sagte der Alternativrocker mit der tiefen Stimme zu seiner Körpergröße (1,68 m): „Wenn du etwas ausbügeln musst, was dir die Natur nicht mitgegeben hat, dann reißt du dir halt den Arsch um so mehr auf." Ein wahres Wort gelassen ausgesprochen.

Gustav Mahler (1860–1911) war ein österreichischer Komponist, Operndirektor und der berühmteste Dirigent seiner Zeit. Er war 1,62 m groß und ein Genie. Seine kurzgefasste Technik: „Man ist sozusagen selbst das Instrument, auf dem das Universum spielt." Tatsache ist: Seine zehn Sinfonien sind reine Engelsmusik, die uns in das Paradies tragen. Hallelujah!

Bradley Manning ist ein 1,60 m großer US-Gefreiter aus Oklahoma, der im Mai 2010 unter dem Verdacht verhaftet wurde, als Whistleblower Geheimdokumente der US-Army der Website „WikiLeaks" zugespielt zu haben. Für die einen gilt er als Held, für die anderen als Verräter. Aber hier ist nicht der Ort, das zu besprechen.

Charles Manson ist ein Sektenführer und Massenmörder, der seit 1972 im kalifornischen Staatsgefängnis in Corcoran eine lebenslange Haftstrafe verbüßt. Der 1,58 m große Anführer der berüchtigten „Manson Family" gilt als Verkörperung des Bösen. Hat sich ein Hakenkreuz in die Stirn geritzt. Am Arsch hängt der Hammer.

Diego Maradona ist ein ehemaliger argentinischer Fußballspieler mit der Nummer 10 und gilt als einer der besten Fußballer des 20. Jahrhunderts. Hat überall mit seinen Kabinettstückchen die Zuschauer in Verzückung gebracht. Der Ballkünstler, der nur einen linken Fuß besitzt, machte Schlagzeilen bei seiner Heirat am 7. November 1989, weil die Hochzeitstorte einen Meter siebzig hoch war, also genau zwei Zentimeter größer als der Superstar. Hat man da noch Worte?

Groucho Marx (1890–1977), der eigentlich Julius Henry Marx hieß, war ein amerikanischer Autor, Entertainer und Schauspieler, der durch die Filme mit seinen Brüdern Chico, Gummo und Harpo, den legendären Marx Brothers, das Publikum zum Lachen brachte. Der 1,71 m große Groucho Marx konnte irrwischhaft schnell reden und galt als witzigster Mann in Hollywood. Nebenbei: Die Mutter der Marx Brothers stammte aus Dornum in Ostfriesland. Dascha gediegen.

Cristiano da Matta ist ein Formel-1-Fahrer aus Brasilien. Er ist mit 1,62 m der kleinste Rennfahrer der Saison. Schlimm? Da Matta zu *Bild*: „Nö. Groß auftrumpfen kann ich trotzdem." Er hört auf den spektakulären Spitznamen „Shorty".

W. Somerset Maugham (1874–1965) war ein britischer Schriftsteller, dessen Name wie ein Komet am Literaturhimmel aufging. Seine bekanntesten Bücher: „Der Menschen Hörigkeit", „Auf Messers Schneide", „Der bunte Schleier". Er war 1,70 m groß, extrem erfolgreich und kaufte sich eine große Villa an der Côte d'Azur. Das W in seinem Namen steht für William. Da nich' für!

Karl May (1842–1912) ist der erfolgreichste deutsche Schriftsteller aller Zeiten, der durch seine Abenteuerromane reich und berühmt wurde. Greifen wir ein paar heraus: „Winnetou", „Der Schut", „Old Surehand", „Durchs wilde Kurdistan", „Der Schatz im Silbersee". Die Gesamtauflage seiner Bücher wird auf 200 Millionen geschätzt. Der 1,66 m große Schriftsteller, der aus bitterarmen Verhältnissen stammte, residierte in Radebeul bei Dresden in seiner „Villa Shatterhand". Großer weißer Mann!

Dmitri Medwedew ist ein ehemaliger russischer Präsident und misst 1,62 m und wurde deshalb als „Kinder-Überraschung im Kreml" bezeichnet. Nicht zu verwechseln mit: Urmel aus dem Eis.

Hartmut Mehdorn führte zehn Jahre lang die Geschicke der „Deutschen Bahn", danach wurde er „Air-Berlin"-Chef. „Eigentlich bin ich ein ganz normaler Typ", sagt er von sich selbst. Als Hobby schätzt der 1942 in Berlin geborene 1,70 m große Top-Manager das Handwerken mit Metall. Damit ist das Wichtigste geklärt.

Norbert Meier ist ein ehemaliger deutscher Fußballspieler und heutiger -trainer. Der Mittelfeldspieler (1,73 m) war Profi bei Werder Bremen und Borussia Mönchengladbach, ließ sich nicht verbiegen, sagte immer knallhart seine Meinung. Gestatten, Meier mit einem weichen Ei.

Klaus Meine ist Sänger und Texter der deutschen Rockband „Scorpions" und lebt in Hannover, wo sie angeblich das beste Hochdeutsch sprechen. Meine an der Leine bekennt auf seiner Homepage: „Größe: 168 cm. Augenfarbe: Blau. Lieblingsautos: Mercedes 500 SL." Der Scorpions-Hit „Wind Of Change" war ein Riesenerfolg. Drauf gepfiffen.

Carlos Saúl Menem Akil (kurz Carlos Menem) ist ein argentinischer Politiker, der von 1989 bis 1999 Präsident von Argentinien war. Der 1,50 m große Politiker heiratete im Mai 2001 die schöne Chilenin Cecilia Bolocco, die 1987 „Miss Universum" war. Er liebt außerdem schnelle Autos. Aber wen interessiert das?

Adolph Menzel (1815–1905) war ein deutscher Maler und Zeichner, der vor allem durch seine Darstellungen zur Geschichte Friedrichs des Großen bekannt wurde. Menzel war nur 1,40 m groß und wurde in den Adelsstand erhoben, aber bestimmt nicht wegen seiner Gnomhaftigkeit. Ganz bestimmt nicht.

Joseph Carey Merrick (1862–1890), auch John Merrick genannt, wurde in England als „Elefantenmensch" bekannt. Ursache seiner Deformation war das seltene Proteus-Syndrom. Er war 1,67 m groß. Ein ausgesprochen interessanter Bursche.

Lionel Messi ist ein Fußballgott aus Argentinien, der als achtes Weltwunder verehrt wird. Der 1,69 m große Wunderkicker, der beim FC Barcelona spielt, war dreimal nacheinander „Weltfußballer des Jahres". Merkspruch: Gut, besser, Messi.

Meyer Lansky (1902–1983) war ein US-amerikanischer Mafioso, der wegen seiner Körpergröße (1,52 m) den Spitznamen „Little Man" erhielt. Wurde auch „Pate der Paten" genannt oder als „Bankier des organisierten Verbrechens" bezeichnet. Meyer Lansky war ein Finanzgenie und hatte eine weiße Weste. Wurde mehrmals verhaftet und angeklagt, aber nie schuldig gesprochen. Er starb im Alter von 80 Jahren in Miami eines natürlichen Todes. Nach ihm wurde eine Bar in Hamburg-St. Pauli benannt.

Volker Michalowski ist ein deutscher Schauspieler und Komiker, der oft als Comedian im Privatfernsehen auftritt, aber auch im Kino und im Theater zu sehen ist. Der 1,56 m große Spaßvogel aus Dresden spielte eine kleine Rolle in Quentin Tarantinos Film „Inglourious Basterds". Sein Spitzname ist „Zack".

Erich Mielke (1907–2000) war Geheimdienst-Chef der DDR, 1,68 m groß. Letzte Worte des ungeliebten Stasi-Chefs: „Ich liebe euch doch alle." Och, komm.

David Miscavige ist Nachfolger von L. Ron Hubbard bei Scientology und 1,65 m groß. Seine Anhänger fürchten ihn wie der Teufel das Weihwasser. Der Sektenchef war Trauzeuge bei der Hochzeit von Tom Cruise (1,68 m) und Katie Holmes (1,75 m). Sie können die Braut jetzt küssen.

Edson Mitchell (1953–2000) war ein amerikanischer Manager und Börsenguru. Wenn der 1,69 m große Top-Manager einen Zahnarzttermin hatte, flog er mit der Concorde. Kam 2000 auf dem Weg in den Weihnachtsurlaub mit seiner Privatmaschine ums Leben. Over and out.

Dudley Moore (1935–2002) war ein britischer Komiker, Musiker und Schauspieler, der schnell zur Spitzengruppe der Hollywoodstars vordrang. Sein größter Filmerfolg: „Arthur – Kein Kind von Traurigkeit". Der Alleskönner (1,55 m) war von 1968 bis 1972 mit der bildschönen Schauspielerin Suzy Kendall verheiratet. Keine weiteren Vorkommnisse.

Van Morrison, eigentlich George Ivan Morrison, ist ein Sänger und Musiker aus Belfast. Allein die Coverversion der Bob-Dylan-Komposition „It's All Over Now, Baby Blue" machte ihn zum wohlhabenden Mann. Der introvertierte Nordire ist 1,65 m groß und singt nur mit geschlossenen Augen. Ja, so geht das. Augen zu und durch.

Hans Moser (1880–1964) war ein österreichischer Filmschauspieler und Komiker. Einige seiner zahllosen Filme heißen: „Das Ekel", „Der Kongreß tanzt", „Ober, zahlen!". Und immer hat er liebenswürdig genuschelt, der 1,54 m große Moser. Sein Motto: „Die Welt ist voller Moser. Sie gehen net unter. Die kleinen Leut', die Moser, sie bleiben." Habe die Ehre.

Wolfgang Amadeus Mozart (1756–1791) war ein österreichischer Komponist und ein Wunderkind. Er war 1,56 m groß und zählt zu den größten Komponisten der Geschichte. Erinnern wir nur an „Die kleine Nachtmusik". Richard Wagner (1,66 m) soll einmal gesagt haben: „Ich glaube an Gott, Mozart und Beethoven". Und für Goethe (1,69 m) war Mozart schlicht und ergreifend ein „Wunder, das nicht weiter zu erklären ist". Dem ist nichts hinzuzufügen. Rein gar nichts.

Egon Müller ist ein Speedway-Fahrer aus Kiel und war Weltmeister auf der Grasbahn. In den 33 Jahren seiner Profi-Karriere hat er sich 67 Knochenbrüche zugezogen. „Wie groß ich bin? Einsachtundsechzig, ich war aber mal Einssiebzig. Aber man wird ja immer kleiner mit den Jahren!" Das stimmt.

Audie Murphy (1924–1971) war Amerikas höchstdekorierter Kriegsheld und wurde nach 1945 ein gefeierter Schauspieler von Wildwestfilmen wie „Reiter ohne Gnade", „Die weißen Teufel von Arkansas". Es folgten: „Vier Pfeifen Opium", „Strich durch die Rechnung", „Die Uhr ist abgelaufen". Damit wollen wir uns vom 1,60 m großen Audie Murphy verabschieden.

Benito Mussolini (1883–1945) war von 1922 bis 1943 Diktator des Königreiches Italien und Führer der faschistischen Bewegung. Der „Duce" war 1,52 m groß und außerdem ein großer Weiberheld. Soll angeblich in den 21 Jahren seiner Herrschaft jeden Tag Sex gehabt haben – mit über 5000 Frauen. Mal ganz was Neues.

Nicolai Mylanek ist ein Schweizer Schauspieler, der aufgehört hat, sich darüber zu ärgern, wenn ihm eine Rolle wegen seiner Körpergröße (1,59 m) nicht angeboten wird. Er sagt: „Ich bin von Natur aus sehr realistisch." Wir sagen: Toi, toi, toi.

Babyface Nelson (1908–1934), auch bekannt als George Nelson, war ein amerikanischer Bankräuber, der in den Dreißigerjahren bekannt war wie ein scheckiger Hund. Er war 1,64 m groß und hieß eigentlich Lester Joseph Gillis. Dies ist ein Überfall. Schnell! Her mit den Piepen! Nur kleine Scheine!!

Horatio Nelson (1758–1805) ist der berühmteste Admiral der Weltgeschichte und Englands größter Held. Er war 1,50 m groß und verlor bei einem Gefecht mit Kanonen seinen rechten Arm. Wurde unsterblich durch seinen Sieg in der Schlacht bei Trafalgar. Sein Leichnam wurde in einem Fass mit Brandy konserviert. Der Klügere kippt nach.

Willie Nelson (Jahrgang 1933) ist ein Country-Sänger aus Texas, der als Vorreiter der Outlaw-Bewegung gilt. Er trägt immer einen Cowboyhut und wirkt damit größer als 1,67 m.

Oliver Neuville ist ein ehemaliger deutscher Fußballspieler. Der 1,71 m große Flügelflitzer erzielte viele Tore, oft waren es spielentscheidende. Er hat zwei Söhne und lebt in Mönchengladbach-Windberg. Vom nahen Bökelberg schallt es: Berlin, Berlin – wir fahren nach Berlin.

Friedrich Nowottny ist ein deutscher Fernsehjournalist und ehemaliger WDR-Intendant, der bei einem Interview mit Ex-Kanzler Dr. Helmut Kohl (1,93 m) eine Treppenstufe höher stieg, um den Größenunterschied auszugleichen. Die Abmoderation des 1,67 m großen Nowottny lautete immer: „Bericht aus Bonn am nächsten Freitag, auf Wiedersehen, das Wetter."

Tazio Nuvolari (1892–1953), auch als „Mantovano volante" oder „Fliegender Mantuaner" bekannt, war ein italienischer Motorrad- und Automobilrennfahrer. Ferdinand Porsche nannte den 1,60 m großen Nuvolari den „größten Fahrer der Vergangenheit, Gegenwart und Zukunft". Wrumm, wrumm.

O

Aristoteles Sokrates Homer Onassis (1906 bis 1975), genannt „Ari", war ein griechischer Reeder und schaffte es vom Hotelpagen zum Milliardär. War 1,65 m groß und hat sein Vermögen mit Öl gemacht. Wurde oft zusammen mit der göttlichen Maria Callas gesehen, führte aber am 20. Oktober 1968 die Kennedy-Witwe Jacqueline Kennedy zum Traualtar. Nein, diese Griechen!

Ingo Oschmann ist ein deutscher TV-Komiker, der am liebsten einen Schwank aus seiner Jugend erzählt und selbst am meisten darüber lacht. Der Vollständigkeit halber sei erwähnt, dass er 1,70 m groß ist und aus Bielefeld kommt. Gibt es Bielefeld wirklich? Zweifel bleiben angebracht.

Al Pacino ist ein US-amerikanischer Schauspieler (1,65 m). Sogar der Vorname ist kurz.

Niccolò Paganini (1782–1840) war ein italienischer Violinist und Komponist, der schon zu Lebzeiten eine Legende war. Ein Teufelsgeiger und 1,61 m groß. Zum Niederknien!

Marco Pantani (1970–2004) war ein italienischer Profi-Radrennfahrer, der 1998 zuerst den „Giro d'Italia" gewann und anschließend die „Tour de France". Er wurde „König der Berge" genannt oder auch „Il Elefantino" wegen seiner abstehenden Ohren. Der 1,70 m große Radrennfahrer starb im Februar 2004 im 5. Stock eines drittklassigen Hotels in Rimini unter rätselhaften Umständen. Ob ihm das in einem erstklassigen Hotel auch passiert wäre?

Bernhard Paul ist ein Multitalent aus der Schweiz und Gründer des Zirkus Roncalli. Der kleine Zirkusdirektor (1,65 m) hat sich auch als Spaßmacher einen Namen gemacht und weltweit in seiner Rolle als dummer August „Zippo" Millionen von Zuschauern in seinen Bann gezogen. Sein Lebensmotto: „Ein Tag, an dem Du nicht lächelst, ist ein verlorener Tag." Ist schon in Ordnung. Aber erstmal können vor Lachen.

Sean Penn (Jahrgang 1960) ist ein preisgekrönter US-amerikanischer Schauspieler („Mystic River"), der auch mal mit der berühmten Popsängerin Madonna verheiratet war. Er schwimmt und fotografiert gern und ist 1,72 m groß. Hätten Sie's gewusst?

Ross Perot (Jahrgang 1930) ist ein amerikanischer Unternehmer, der 1992 Amerikas größter Mann werden wollte und deshalb als parteiloser Bewerber bei der Präsidentschaftswahl kandidierte, doch gegen den großen Bill Clinton (1,93 m) zog er den Kürzeren. Sein Privatvermögen wird auf vier Millarden Dollar geschätzt, seine Größe auf 1,63 m. Damit haben wir Ross und Reiter genannt.

Sandro Pertini (1896–1990) war ein italienischer Politiker und gilt als der populärste Staatspräsident der italienischen Nachkriegsgeschichte. Er war so klein (1,63 m), dass ihm Napoleon (1,67 m) das Wasser hätte reichen können.

Joe Pesci ist ein amerikanischer Oscar-Preisträger, der seinen Durchbruch als Schauspieler in „Wie ein wilder Stier" schaffte. Der 1,60 m große Pesci ist immer auf Krawall gebürstet und in der Branche wegen seiner cholerischen Anfälle gefürchtet. Dem Regisseur Martin Scorsese (1,63 m) brach er während eines gemeinsamen Urlaubes die Nase. Sein Lebensmotto: Bloß keinen Streit nicht vermeiden!

Joaquin Phoenix ist ein amerikanischer Schauspieler, der populär wurde durch den Film „Walk the Line". Der am 28. Oktober 1974 in Puerto Rico geborene Phoenix ist 1,73 m groß und Veganer; er trägt in seinen Filmen nur pelz- und lederfreie Klamotten. Außerdem ist er Atheist. Oh my God!

Pablo Picasso (1881–1973) war ein spanischer Maler, Grafiker und Bildhauer und gilt als größter Künstler des 20. Jahrhunderts. Der 1,62 m große Picasso, der recht früh materiell abgesichert war, hat sein Leben lang geraucht (unter anderem „Gauloises") und war mehrfach verheiratet. Seine große Liebe galt seinem Dackel „Lump", der ihm oft als „Modell" diente. Merke: Dackelfreunde sind nette Menschen.

Lester Piggott ist der erfolgreichste Jockey aller Zeiten. Schaffte insgesamt 5300 Siege bei 25 000 Rennen. Der Engländer, der zwar mit 1,73 m ungewöhnlich groß für einen Jockey war, verdiente ein Heidengeld, war aber krankhaft geizig. „Lester ist mit kurzen Armen und großen Taschen zur Welt gekommen", sagte man mit hochgezogenen Augenbrauen auf der Insel. Und jetzt Champagner für die Pferde.

Oliver Pocher ist ein 1,73 m großer Comedy-Star, der durch sein dauerndes Grinsen auf sich aufmerksam macht. Und er kommt aus Hannover. Aber es hat keinen Sinn, darüber nachzudenken.

Roman Polanski (Jahrgang 1933) ist ein polnischer Regisseur und Drehbuchautor, der auch die französische Staatsbürgerschaft besitzt. Seine bekanntesten Filme sind: „Wenn Katelbach kommt", „Der Mieter", „Der Pianist", „Tanz der Vampire", „Chinatown", „Rosemaries Baby". Der Regisseur, der eigentlich Rajmund Roman Liebling heißt, besticht durch seine Vielfalt und seine Größe (1,62 m). Damit wollen wir uns begnügen.

Carlo Ponti (1912–2007) war ein wohlhabender italienischer Filmproduzent und der Ehemann von Sophia Loren. Er war 1,63 m groß. Die Loren ist 1,72 m groß und machte unter anderem durch folgende Maße auf sich aufmerksam: 94 – 54 – 91. Ciao Bella.

Alexander Pope (1688–1744) war ein englischer Schriftsteller und Übersetzer. Er litt an einer Rückgratverkrümmung und war nur 1,37 m groß. Er trug ein Mieder, um seinen Rücken optimal zu unterstützen und ließ keinen Rummel um seine Person aufkommen. Ein ausgezeichneter kleiner Mann.

Cole Porter (1891-1964) war ein US-amerikanischer Komponist und Texter. Viele seiner Lieder sind Allgemeingut geworden, und sein Musical „Kiss me, Kate" wird heute noch gespielt. Porter war 1, 68 m groß.

Axel Prahl ist ein deutscher Musiker und Schauspieler, der im „Tatort" aus Münster den Kommissar Frank Thiel spielt. Er ist 1,67 m groß und hat kürzlich mit „Blick auf Mehr" seine erste Platte veröffentlicht, die in Dziuks Küche aufgenommen wurde. Das ist natürlich schon mehrfach gesagt worden.

Prince ist ein amerikanischer Sänger und Komponist, der am 7. Juni 1958 in Minneapolis im US-Bundesstaat Minnesota als Prince Rogers Nelson geboren wurde. Der 1,58 m große Mega-Popstar ist einzigartig. Er beherrscht 23 Musikinstrumente und trägt zehn Zentimeter hohe Absätze. Niemand kommt an seine Texte ran (z.B. „Purple Rain"). Schubidu.

Udo Proksch (1934–2001) war ein österreichischer Unternehmer, Zuckerbäcker, Jetsetter, Liebling der Wiener Schickeria und ein Tausendsassa oder wie man in Österreich sagt: ein Wunderwuzzi. Der 1,50 m große Proksch wurde 1991 als Drahtzieher der Lucona-Affäre zu lebenslanger Haft verurteilt. Er war u.a. mit Erika Pluhar verheiratet und hatte fünf Kinder mit verschiedenen Frauen. Ein Mann mit vielen Gesichtern.

Alain Prost ist ein ehemaliger französischer Automobilrennfahrer, der lange Zeit die Formel 1 dominierte. Er wurde viermal Weltmeister und viermal Vizeweltmeister. Der 1,60 m große Rennfahrer wurde in der Branche „Professor" genannt, vermutlich weil er so zerstreut war und sich oft auf der Rennstrecke verfuhr ...

Wladimir Wladimirowitsch Putin ist Russlands mächtigster Mann. Der ehemalige 1,70 m große Geheimdienstchef wurde von Altkanzler Gerhard Schröder (1,72 m) als „lupenreiner Demokrat" bezeichnet. Regiert das Riesenreich mit kühler Schläue und eiserner Hand. Achtung! Putin kann Judo!

Freddy Quinn (Jahrgang 1931) ist ein österreichischer Schlagersänger, der zwischen 1956 und 1966 zehn Number-One-Hits in Deutschland hatte. Begeisterte Ovationen gab es für „Junge, komm bald wieder". Als Seemann bereiste er die ganze Welt. Er spricht fließend sechs Sprachen und ist 1,70 m groß. Laut Geburtsschein heißt er eigentlich Franz Eugen Helmuth Manfred Nidl-Petz. Schon gut.

Q

R

Daniel Radcliffe ist ein britischer Schauspieler, der als Hauptdarsteller von „Harry Potter" die Welt verzaubert hat. Er zählt inzwischen zu den Spitzenstars der Welt und ist 1,65 m groß. Dabei wollen wir es auch bewenden lassen.

Kimi Räikkönen ist ein 1,73 m großer finnischer Formel-1-Rennfahrer, der seine Gefühle versteckt und lieber Gas gibt. Als er mal mit seinem „Silberpfeil" Michael Schumacher (1,74 m) überholen wollte, schlagzeilte *Bild* prompt: „Kimi Silbergeil – Der kleine Mann, der Schumi stürzen will." Seine Hobbys: Motocross und seine Freundin.

Claude Rains (1889–1967) war ein US-amerikanischer Schauspieler, der besonders als Polizeichef Captain Renault in „Casablanca" herausragte. Der 1,66 m große Humphrey Bogart sagt in der berühmten Schlussszene auf dem Rollfeld des Flughafens zum 1,68 m großen Rains: „Louis, ich glaube, dies ist der Beginn einer wunderbaren Freundschaft."

Ratinho, eigentlich Everson Rodrigues, ist ein ehemaliger brasilianischer Fußballspieler (1,71 m), der sich in die Herzen der Deutschen gespielt hat. Avancierte in Kaiserslautern zum Publikumsliebling. Spitzname: „Zaubermäuschen". Die Fans waren hin und weg.

Dirk Raudies ist ein deutscher Motorrad-Weltmeister (1,62 m), der vom Boulevard nur „der rasende Schwabe" genannt wird. Heilig's Blechle.

Maurice Ravel (1875–1937) war ein französischer Komponist, der in 42 Jahren insgesamt 19 Stunden Musik komponierte. Sein größter Erfolg: „Bolero". Ravel trug stets Hosenträger und Socken in miteinander harmonierenden Farben und meldete sich bei Ausbruch des Ersten Weltkrieges freiwillig zum Militär, wurde aber wegen seiner geringen Körpergröße (1,58 m) als dienstuntauglich eingestuft. Musik, bitte.

Robert Redford ist ein US-amerikanischer Schauspieler, Regisseur und Kassenmagnet. Einige Erfolgsfilme: „Zwei Banditen", „Die drei Tage des Condor", „Vier schräge Vögel". Der Clou: Der 1,72 m große Hollywood-Beau spielte auch die Hauptrolle in „Der große Gatsby". Trotz aller Erfolge ist er ein natürlicher Mensch geblieben. Schön für ihn.

Franck Ribéry ist ein französischer Fußball-Nationalspieler, der bei Bayern München einen Vertrag bis 2015 besitzt. „Es läuft alles bestens, im Leben und auf dem Platz", sagte der agile Mittelfeldspieler in einem Interview. Steckbrief: Größe: 170 cm; Gewicht: 72 kg; Schuhgröße: 42; Spielfuß: rechts. Geschätztes Jahreseinkommen: 11,9 Millionen Pieselotten.

Salvatore Riina (Jahrgang 1930) ist ein wegen seiner Skrupellosigkeit gefürchteter Mafia-Boss aus der Kleinstadt Corleone bei Palermo. Wird in Verbrecherkreisen „U Curtu" genannt (d.i. „Der Kurze"). Riina (1,60 m) wurde 1993 verhaftet und schweigt seitdem. Ein sizilianisches Sprichwort lautet: Ein Mensch, der taub, stumm und blind ist, wird hundert Jahre alt.

Charlie Rivel (1896–1983) war ein spanischer Clown der alten Schule (rote Nase, rote Haare, Riesenschuhe) und versetzte Groß und Klein in Erstaunen. Der 1,55 m große Spanier wurde weltberühmt durch seinen Spruch „Akrobat schöööön!"

Edward G. Robinson (1893–1973) war ein amerikanischer Schauspieler, der als Emmanuel Goldenberg in Bukarest (Rumänien) geboren wurde. Gleich seine erste Rolle als Gangster Rico Bandello im Film „Little Caesar" machte ihn zum Star. Weitere Glanzrollen: „Der kleine Gangsterkönig", „Eine Nummer zu groß". Der 1,65 m große Schauspieler, der die ganze Welt bereiste, wurde auch „Little Boss" genannt.

Lars Rønnningen ist ein ehemaliger norwegischer Ringer, der bei einer Körpergröße von 1,53 m die idealen Maße für das Papiergewicht hatte (bis zu 48 kg Körpergewicht). Er schulterte jeden Gegner und wurde Europameister im griechisch-römischen Stil. Von Beruf ist er Schornsteinfeger. Das wars, Lars.

Romário ist ein ehemaliger brasilianischer Fußballspieler, der Tore am Fließband machte. Der blitzschnelle und 1,69 m große Stürmer wurde in Brasilien nur „Der Unsichtbare" genannt. Er trug ein Trikot mit der Dunkelziffer 9.

Mickey Rooney (Jahrgang 1920) ist ein amerikanischer Schauspieler, der schon schon mit 15 Monaten auf der Bühne stand. Auf das Konto des 1,58 m großen Hollywoodschauspielers gehen über 200 Filme, acht Ehen und vier Sterne auf dem „Hollywood Walk of Fame". Heißt in Wirklichkeit Joe Yule Junior. Auch nicht schlecht.

Michael A. Roth ist ein ehemaliger Fußballpräsident (1. FC Nürnberg) und Selfmade-Millionär, der über ein Teppich-Imperium herrscht. Der 1,61 m große Geschäftsmann, der auch „Napoelon" genannt wird, hat hunderte von Maßanzügen in seinem begehbaren Kleiderschrank. Trägt nie einen Anzug zweimal im gleichen Jahr. Prima Stil.

Heinz Rühmann (1902–1994) ist der beliebteste deutsche Filmschauspieler aller Zeiten. Unmöglich, all seine Filme aufzuzählen. Erwähnen wir nur: „Keine Angst vor großen Tieren". Der 1,65 m große Rühmann spielte oft den kleinen Mann, der eigentlich keine Chance hat, der sich wehrt und es schafft. Er war ein begeisterter Sportflieger und mit Hertha Feiler verheiratet. Gut, damit können wir den Buchstaben R abhaken.

S

Donatien Alphonse François de Sade (1740–1814), auch bekannt als Marquis de Sade, war ein französischer Adliger und Schriftsteller, der durch eine Reihe von kirchenfeindlichen und pornographischen Romanen aneckte. Das 1,60 m große Enfant terrible gilt als Erfinder des Sadismus. Auha!

Esa-Pekka Salonen ist ein Komponist aus Finnland und gehört zu den ganz Großen. Auch als Dirigent ist der 1,66 m große Finne herausragend. Seine Sibelius-Konzerte sind ein wahrer Hochgenuss, wie man hört. Ganz große Oper.

Nicolas Sarkozy ist ein französischer Politiker (UMP) und ein ehemaliger Staatspräsident von 1,65 m Größe. Der gelernte Rechtsanwalt gilt als eitel, ehrgeizig und wippt gerne auf Zehenspitzen, um größer zu wirken. Seine bezaubernde Gattin Carla Bruni (1,78 m) erklärte in einem Interview im Sommer 2007: „Sarkozy ist wie Napoleon: ein kleiner Mann mit Allüren." Oh là là.

Jean-Paul Sartre (1905–1980) war ein französischer Philosoph und Publizist und gilt als einer der größten Intellektuellen des 20. Jahrhunderts. Der 1,57 m große Existenzialist trug stets einen schwarzen Rollkragenpulli und schrieb Bücher wie „Die Fliegen", „Die Wörter", „Das Sein und das Nichts". Sein vollständiger Name war: Jean-Paul Charles Aymard Sartre. Das ist genauso lang wie breit.

Franceso Scavullo (1921–2004) war ein amerikanischer Modefotograf (1,65 m), der durch seine Bilder auf dem Cover des *Cosmopolitan* weltberühmt wurde. Bekannte Modelle waren u.a.: Brooke Shields, Madonna, Liz Taylor, Diana Ross und Grace Kelly. Na? Wo kommt das Vögelchen raus?

Adolf Scherbaum (1909–2000) war ein deutscher klassischer Trompeter, der vor allem die hohe Piccolotrompete spielte. Der 1,55 m große Solotrompeter war lange Zeit Deutschlands Star-Trompeter Nr. 1. Will heißen: Scherbaum war nicht nur ein Meister seines Fachs, sondern der Meister schlechthin.

Markus Scherer ist ein ehemaliger deutscher Ringer, der es in seiner Disziplin zur Perfektion gebracht hat. Er war Zweiter der Olympischen Spiele 1984 und Europameister. Eine feste Größe in Schifferstadt. In Metern gemessen: Einssiebenundfünfzig.

Heinrich Schliemann (1822–1890) war ein 1,56 m großer deutscher Kaufmann und Altertumsforscher, der 15 Sprachen beherrschte und 1868 Troja entdeckte. So kommt man auch zu Größe.

Helmut Schmidt (Jahrgang 1918) ist ein deutscher Politiker (SPD), der von 1974 bis 1982 Bundeskanzler war. Der 1,70 m große Altkanzler ist laut Umfrage der beliebteste deutsche Politiker der jüngsten Gegenwart. Der Sozialdemokrat aus Hamburg, der nach eigenen Angaben täglich ungefähr zwei Schachteln Mentholzigaretten der Marke „Reyno" raucht, trägt den Spitznamen „Schmidt-Schnauze". Vollständiger Name: Helmut Heinrich Waldemar Schmidt.

Josef Schmidt (1904–1942) war ein Kammersänger, der in den Dreißigerjahren der berühmteste Sänger in Deutschland war. Sein bekanntestes Lied: „Ein Lied geht um die Welt". Seine Stimme war ein Glück. Wegen seiner Körpergröße (1,54 m) blieb dem lyrischen Tenor jedoch eine Karriere auf der Opernbühne verwehrt. Buh!

Ralf Schmitz ist ein deutscher Komiker, der oft im Fernsehen zu sehen ist. Der quirlige Hänfling aus Leverkusen macht gerne Witze über seine Körpergröße (1,68 m) und kann verschmitzt gucken. Mehr gibt es über ihn nicht zu sagen.

Stefan Schmorrte ist Chefredakteur beim Männer-Magazin *Playboy* in Deutschland. Der Bunny-Blatt-Boss (1,70 m) redet nicht lange um den heißen Brei herum: „Wenn es darum geht, das Leben zu genießen – ja, dann bin ich einer." Traumkarriere vom Wirtschaftsredakteur bei *DM*, *Forbes* und *Focus* zum Chefredakteur bei *Playboy*. Weiß eben, wie der Hase läuft, dieser Mann.

Gerhard Schröder (Jahrgang 1944) ist ein deutscher Politiker (SPD), der von Oktober 1998 bis November 2005 Bundeskanzler der Bundesrepublik Deutschland war. Heute arbeitet der 1,72 m große Altkanzler für die Wirtschaft. Hol mir mal 'ne Flasche Bier!

Horst Schroth ist ein deutscher Kabarettist aus Baden-Württemberg. Bei Kennern beliebt für seine Programme „Herrenabend" und „Katerfrühstück" und durch die ZDF-Sitcom „Halt durch, Paul!". Er misst 1,70 m und ist studierter Betriebswirt. Das ist ein schöner Abschluss.

Manfred „Manni" Schwabl ist ein ehemaliger deutscher Fußballspieler, der beim „Club" in Nürnberg und bei Bayern München spielte. Der Musterprofi (1,69 m) besaß ein großes Kämpferherz. Er machte 303 Spiele in der Bundesliga und erzielte 14 Tore. Dann war plötzlich Schluss.

Franz Schubert (1797–1828) war ein österreichischer Komponist, der 9 Symphonien, 5 Opern, 7 Messen und 620 Lieder hinterließ. Er war 1,52 m groß, unglücklich in ein Stubenmädchen verliebt und ein verkanntes Genie. Wer Musik von Schubert hört, muss Wonneseufzer ausstoßen. Hach, wie schön.

Heinz Schubert (1925–1999) war ein deutscher Schauspieler, der vor allem durch seine Rolle als „Ekel" Alfred Tetzlaff in der Fernsehserie „Ein Herz und eine Seele" populär wurde. Unvergessen auch in „Der große Bellheim". Seine Größe: 1,57 m. Sein Hobby: Schaufensterpuppen fotografieren. Goldene Regel: Wenn Sonne lacht, nimm Blende acht.

Wolfgang Schüssel ist ein österreichischer Politiker (ÖVP), der von 2000 bis 2007 Bundeskanzler war und bemerkenswert offen in einem *stern*-Interview bekennt: „So klein bin ich ja gar nicht. Ich bin 1,72, das ist absoluter Durchschnitt. Ich sehe mich als Durchschnitt an. Weder besonders klein noch besonders groß, weder besonders stark noch besonders gut, ich bin ein guter Wiener. Durchschnitt. Eine Wiener Melange." Nota bene: Die Melange besteht aus einem Teil Kaffee und einem Teil Milch mit einer Haube aus geschäumter Milch und wird in einer Schüssel serviert.

Ralf Schumann ist ein deutscher Sportschütze und gilt mit drei Olympiasiegen als erfolgreichster Olympionike aller Zeiten. Der 1,67 m große König der Olympischen Schnellfeuerpistole hat ein einfaches Erfolgsrezept: „Pistole hochheben, Kimme und Korn auf die Zehn, abdrücken!" Wird auch „Mr. Perfect" genannt. Das trifft's genau!

Martin Scorsese (Jahrgang 1942) ist ein US-amerikanischer Filmregisseur italienischer Abstammung und gilt als wichtigster Regisseur in Hollywood. Seine bekanntesten Filme: „Taxi Driver", „King of Comedy", „Wie ein wilder Stier", „Gangs of New York", „Hugo Cabret". Das 1,63 m große Regie-Urgestein wuchs im Viertel „Little Italy" in New York auf und ist zum fünften Mal verheiratet. Sein Spitzname ist „Marty". Mehr muss man vielleicht auch nicht wissen.

William Shakespeare (1564–1616) war ein englischer Dramatiker und Lyriker von 1,71 m Größe. Seine Komödien und Tragödien sind die am meisten aufgeführten und verfilmten Bühnenstücke der Weltliteratur. Wir erinnern uns an „Romeo und Julia", „Hamlet", „Macbeth", „Viel Lärm um nichts". Demnächst in diesem Theater.

Wallace Shawn ist ein US-amerikanischer Schauspieler und Schriftsteller, der in Harvard und Oxford Philosophie studiert hat. Er ist 1,57 m groß und spielte den Großen Nagus Zek in sieben Episoden der Serie „Star Trek: Deep Space Nine".

Harry Shearer ist ein US-amerikanischer Schauspieler und Synchronsprecher, der im Original der genialen Zeichentrickserie „Die Simpsons" laut Wikipedia u.a. folgenden Figuren seine Stimme leiht: Mr. Burns, Waylon Smithers, Ned Flanders, Rev. Lovejoy, Dr. Hibbert, Rektor Skinner, Lenny, Kent Brockman, Rainier Wolfcastle, Scratchy, Kang, Dr. Marvin Monroe, Jebediah Springfield und Gott. Er ist 1,67 m groß. Knapper Kommentar von Homer Simpson: „Neiiin!!!"

David Sedaris ist ein amerikanischer Schriftsteller, der über Nacht mit seinem Buch „Nackt" reich und berühmt wurde. Der Bestseller-Autor (1,70 m), der früher als Krankenpfleger, Apfelpflücker, Putzmann und Weihnachtsengel gearbeitet hat, lebt heute wie Gott in Frankreich. Reschpekt!

Uwe Seeler ist ein ehemaliger deutscher Fußballer und galt zu seiner Zeit als der beste Mittelstürmer der Welt. Der 1,68 m große Seeler war enorm kopfballstark und Kapitän beim HSV. „Ein Wahrzeichen der Stadt Hamburg", urteilte Altbundeskanzler Helmut Schmidt (1,70 m) über den 1936 in Hamburg geborenen Uwe Seeler. 2003 veröffentlichte „Uns Uwe" seine Autobiografie „Danke, Fußball!" Nein, wir haben zu danken.

Haile Selassie (1892–1975) war der letzte Kaiser von Äthiopien und 1,62 m groß. Sein Herrschertitel war „König der Könige". Die Rastafari-Bewegung in der Karibik betrachtet ihn by the way als Heiland. Klingt komisch, ist aber so. Alles ganz cool, Mann.

Peter Sellers (1925–1980) war ein britischer Schauspieler und Komiker, der als wunderprächtiger Inspektor Clouseau in der beliebten Filmreihe „Der rosarote Panther" weltberühmt wurde. Ein weiterer Erfolgsfilm: „Der Partyschreck". Peter Sellers war 1,73 m groß und viermal verheiratet. Sein trockener Kommentar: „Jede Frau ist leicht zu trösten, man braucht sie nur zu heiraten."

Hiroyasu Shimizu ist ein japanischer Eisschnellläufer, der 1998 in Nagano eine Goldmedaille bei Olympia über 500 Meter holte. Der 1,62 m große Flitzer drehte danach vor Freude weinend eine Ehrenrunde. Seitdem ein Nationalheld. Sayonara!

Paul Simon ist ein US-amerikanischer Sänger und Musiker und einer der erfolgreichsten Songschreiber der Popgeschichte. Als Teil des Duos „Simon and Garfunkel" wurde der 1,60 m große Paul Simon mit seinem länglichen Schulfreund Art Garfunkel (1,83 m) weltberühmt. Größter Hit: „Bridge Over Troubled Water". Zum Heulen schön.

Frank Sinatra (1915–1998) war ein US-amerikanischer Sänger und Schauspieler, dem Millionen zujubelten. Er wurde weltberühmt durch Hits wie: „The Lady Is A Tramp", „Love And Marriage", „New York, New York". Man nannte ihn auch „The Voice". Der unwiderstehliche „Frankieboy" war 1,67 m groß und insgesamt viermal verheiratet. Sein Steckenpferd: Manschettenknöpfe sammeln.

Carlos Slim Helú ist ein mexikanischer Unternehmer (1,72 m) aus der sog. Telekommunikationsbranche und gilt als der reichste Mann der Welt. Laut *Forbes* Magazine verfügt er über ein Vermögen von 74,0 Milliarden Dollar und hat damit den seit Jahren führenden Bill Gates (1,78 m) von Platz eins verdrängt. Der reichste Deutsche steht auf Platz zehn (Karl Albrecht). Es gibt aber keinen Grund, darüber zu reden.

Wesley Sneijder ist ein niederländischer Fußballspieler, der die Fäden im Mittelfeld zieht. Der 1,69 m große Sneijder ist einer der besten Fußballer in Europa. Sein ehemaliger Trainer Dick Advocaat hat gut lachen. Kein Wunder: Advocaat ist einen Zentimeter größer.

Peter Sodann (Jahrgang 1936) ist ein deutscher Schauspieler und Theaterintendant. Er ist 1,68 m groß und sorgte im Oktober 2008 mit seiner Bemerkung für großen Wirbel, dass er den Chef der „Deutschen Bank", Josef Ackermann, verhaften würde, wenn er nicht nur im „Tatort" Kommissar wäre, sondern im richtigen Leben. Selber schuld: Augen auf bei der Berufswahl!

Ruben Sosa ist ein ehemaliger Fußballspieler aus Uruguay und war kaum vom Ball zu trennen. Der 1,69 m große Stürmer-Star ließ seine Gegenspieler wie Slalomstangen stehen und machte unmögliche Tore. „Ein Instinkt-Fußballer!", sagte einmal Ottmar Hitzfeld. Präziser formuliert: Ruben Sosa hatte den Torriecher.

Phil Spector (Jahrgang 1939) ist ein amerikanischer Musikproduzent, der die von ihm produzierten Songs mit einen dicken Klangteppich („Wall of sound") unterlegte. Er war ein Meister seines Fachs, arbeitete u.a. mit den „Ramones", „Ronettes", „Beatles", „The Righteous Brothers" zusammen und wurde nur „The Tycoon of Teen" genannt. Seine Körpergröße von 1,66 m überbrückte er durch eine fluffige Starkstromfrisur. Er sitzt seit 2009 wegen eines Kapitalverbrechens hinter dicken Mauern.

Steven Spielberg (Jahrgang 1946) ist ein amerikanischer Regisseur, Drehbuchautor und Produzent, dessen Filme Millionen einspielten. Hier einige seiner Erfolgsstitel: „Der weiße Hai", „Der Soldat James Ryan", „Schindlers Liste", „E.T. – Der Außerirdische", „Jurassic Park", „Indiana Jones", „Catch Me If You Can". Der 1,71 m große Spielberg erhielt kürzlich die internationale Auszeichnung „Kavalier des Ordens des Lächelns." Der Beifall war ziemlich groß.

Harald Spörl, genannt „Lumpi", ist ein ehemaliger deutscher Vollblut-Fußballer auf der rechten Außenbahn. War enorm zweikampfstark und galt auf dem Platz als Heißsporn. Gelernter Schreiner aus Bamberg und 1,70 m groß. Ein unbequemer Gegner.

Josef Stalin (1878–1953) war ein sowjetischer Politiker und Diktator, der sich gerne als „gütiges Väterchen" gab, doch in Wahrheit eiskalt und grausam und 1,65 m groß war. Hieß eigentlich Iosseb Bessarionis dse Dschughaschwili, aber Stalin war kurz und bündig.

Sylvester Stallone ist ein amerikanischer Schauspieler, der auf der Leinwand meistens harte Burschen und draufgängerische Typen spielt. Bekannteste Rollen: „Rocky" und „Rambo". Es ist bekannt, dass der 1,70 m große Weltstar in Filmszenen größere Partnerinnen in einem extra ausgehobenen Graben neben sich herlaufen lässt. 2009 zog er sich bei Dreharbeiten einen lebensgefährlichen Genickbruch zu. Wer anderen eine Grube gräbt ...

Ringo Starr ist ein britischer Musiker, der als Schlagzeuger der „Fab Four" Karriere machte. Der 1940 in Liverpool als Richard Henry Parkin Starkley Jr. geborene Drummer ist 1,67 m groß und laut Phil Collins, der ebenfalls 1,67 m groß und ein passabler Schlagzeuger ist, „stark unterbewertet". Damit das klar ist: Die fünf besten Schlagzeuger der Welt sind: Keith Moon (The Who), Peter Behrens (Trio), Oskar Matzerath (Die Blechtrommel), Bela B. (Die Ärzte) und Ringo Starr (The Beatles). Yeah Yeah Yeah.

Uli Stein ist der bekannteste und erfolgreichste Cartoonist in Deutschland. Seine Bücher (Gesamtauflage 11 Millionen) sind in 42 Sprachen übersetzt und bis nach China verbreitet. Der Künstler (1,70 m) lebt und arbeitet in der Nähe von Hannover. Seine Hobbys sind Autos. Uli Stein war einmal Norddeutscher Kart-Meister.

Emil Steinberger ist ein beliebter und 1,65 m großer Kabarettist aus der Schweiz, der durch seine Bühnenauftritte als „Emil" sehr bekannt wurde. Ein wichtiges Element seiner Kleinkunst ist die Improvisation. Erhielt den „Deutschen Kleinkunstpreis" sowie die Ehrennadel der Stadt Luzern. Ehemaliger Postbeamter. Doch das ist wahrscheinlich ohne Bedeutung.

Isaac Stern (1920–2001) war der bedeutendste Violinist des 20. Jahrhunderts und 1,65 m groß. Spielte immer die erste Geige. Ein Virtuose, hat er einmal gesagt, müsse vor Leidenschaft brennen, vor Selbstbewusstsein strotzen und Charisma besitzen. Wir sagen nur: Ein Stern ging auf.

Ben Stiller ist ein amerikanischer Schauspieler, der gegenwärtig zu den am besten verdienenden Schauspielern in Hollywood gehört. Seine Erfolge: „Verrückt nach Mary", „Voll auf die Nüsse", „Meine Frau, unsere Kinder und ich". Er ist 1,69 m groß und Sohn des bekannten Komikers Jerry Stiller. Nicht zu verwechseln mit Heiner Lauterbach.

Dominique Strauss-Kahn ist ein französischer Politiker und Ex-IWF-Chef, der über seine Körpergröße (1,70 m) sagte, sie sei ein Indiz dafür, wie bodenständig er sei. Wer's glaubt, wird selig.

Joe Strummer (1952-2002) war ein britischer Punkrockmusiker (1,73 m), der als Sänger der Gruppe „The Clash" die Herzen im Sturm eroberte. Größter Hit: „London Calling". Mann, das fetzt.

Naim Süleymanoglu ist ein türkischer Gewichtheber, der das Dreifache seines Körpergewichts stemmen kann (fast 200 Kilo). Hat als erster Gewichtheber der Welt dreimal hintereinander die Goldmedaille gewonnen. Der „Muskelzwerg" (*Bild*) ist 1,52 m groß und mehrfacher Millionär. Kurz: Die Wucht in Tüten.

Josia Thugwane ist ein südafrikanischer Marathonläufer und der erste schwarze Olympiasieger seines Landes. Der 1,57 m große Läufer holte Gold bei den Olympischen Spielen 1996 in Atlanta. Seine persönliche Bestzeit über die 42,195 Kilometer lange Strecke beträgt 2:07:28. Er hat angeblich eine Pferdelunge, aber wir möchten jetzt nicht länger auf diesem Thema herumreiten.

Jean Todt ist ein ehemaliger Teamchef in der Formel 1 und neuer Präsident des Automobilverbandes FIA. Der 1,59 m große Franzose, der „Napoleon" genannt wird, ist begeisterter Teetrinker und sammelt wertvolle Kugelschreiber. Das ist schön.

Tico Torres ist ein amerikanischer Musiker und seit 1984 Schlagzeuger der Band „Bon Jovi". Daneben ist der 1,61 m große Drummer ein guter Golfer mit Handicap 8. War mal mit dem Wonderbra-Model Eva Herzigova zusammen, obwohl 15 Zentimeter kleiner als der schönste Busen der Welt. Wahre Liebe kennt eben keine Körpergröße. Das ist beruhigend.

Henri de Toulouse-Lautrec (1864–1901) war ein französischer Maler, der über 1,52 m nicht hinaus kam. Berühmt geworden durch seine Bilder vom Pariser Nachtleben rund um den Montmartre. Er starb im Alter von 36 Jahren und schenkte uns 737 Ölgemälde, 275 Aquarelle, 5084 Zeichnungen und 359 Lithografien. Ein wunderbarer Maler.

François Truffaut (1932–1984) war ein französischer Filmregisseur und einer der Protagonisten der „Nouvelle Vague". Sein erster Erfolg war „Schießen Sie auf den Pianisten" mit Charles Aznavour (1,60 m). Weitere Filme waren „Jules und Jim", „Die letzte Metro", „Die Braut trug Schwarz", „Der Mann, der die Frauen liebte". Unvergessen auch seine Körpergröße: 1,68 m.

Kurt Tucholsky (1890–1935) war ein deutscher Schriftsteller und Journalist. Erich Kästner (1,68 m) über Tucholsky (1,67 m): „Ein kleiner dicker Berliner, der mit der Schreibmaschine die Katastrophe aufhalten wollte." Der mutige Stilist „Tucho" schrieb auch unter den Pseudonymen Kaspar Hauser, Peter Panter, Theobald Tiger, Ignaz Wrobel, Paulus Bünzly, Theobald Körner, Old Shatterhand und ... Stopp! Das reicht!

Tutanchamun war ein ägyptischer König, der 1332 bis 1323 v. Chr. regiert hat. Seine Körpergröße wurde bekannt, als Archäologen 1922 im Tal der Könige sein Grab entdeckten. Die alte Mumie war 1,67 m lang. Huch! Haben wir uns verschreckt!!

Desmond Tutu ist ein südafrikanischer Erzbischof und Friedensnobelpreisträger. Der 1,60 m große Mann Gottes ist ein großer Redner und streitet sich gerne. Spezialwissen: Miles Davis (1,69 m) hat ihm 1986 das Album „Tutu" gewidmet. „Prima. Ganz gut." (Alfred Leobold).

Lars Ulrich ist ein dänisch-amerikanischer Schlagzeuger, der bei der Metal-Band „Metallica" hinter der „Schießbude" sitzt. Für viele der beste Drummer der Welt, der bei der besten Band der Welt spielt. Und er ist 1,66 m groß. So viel Zeit muss sein.

V

Csaba Vadász ist ein ehemaliger ungarischer Ringer, der bei einer Größe von 1,58 m zunächst im Papiergewicht und später im Fliegengewicht rang. Er wurde Vize-Europameister 1982 und 1987 im griechisch-römischen Stil. Wir ringen nach Luft und sind sprachlos.

Martin Van Buren (1782–1862) war der erste US-Präsident, der nach der Unabhängigkeitserklärung geboren wurde. Wegen seiner Köpergröße (1,67 m) und seiner geschickten Politik wurde er „Little Magician" genannt. Ein zauberhaftes Biest.

Jean-Claude Van Damme aus Belgien ist in Hollywood einer der ganz Großen in Sachen Action-Thriller, dabei nur 1,73 m groß. Der Kampfsportler sieht harmlos aus, aber hat es faustdick hinter den Handkanten. Gaaanz vorsichtig, ja.

Viktor Emmauel III. (1869–1947) war ein Herrscher aus der Dynastie Savoyen und von 1900 bis 1946 König von Italien. Der 1,55 m große König, der im Volksmund „der kleine König" genannt wurde, half dem 1,52 m großen Mussolini in den Sattel. Prädikat: Besonders pferdvoll.

Danny de Vito ist ein US-amerikanischer Schauspieler, der es vom Friseur in einem Schönheitssalon zum gefeierten Hollywood-Star geschafft hat. Hat bislang in 60 Filmen mitgewirkt (u.a. „Schnappt Shorty") und ist 1,52 m groß. Findet es nicht angenehm, als einer der beliebtesten und witzigsten Menschen zu gelten. Warum nicht? „Ich habe wegen meiner Körpergröße schon genug zu kämpfen." Das war das Wichtigste in Kürze über Danny de Vito.

Jürgen Vogel ist ein deutscher Schauspieler, der meistens authentische Figuren spielt, die durch das Leben stolpern. Der 1,68 m große Vogel hat nie eine Schauspielschule besucht, wäre wahrscheinlich auch gleich geflogen.

Berti Vogts (Jahrgang 1946) ist ein ehemaliger deutscher Fußballspieler und Weltklasse-Verteidiger, der seine Gegenspieler stets attackierte und deshalb auch nur „Terrier" genannt wurde. Warum heißt er eigentlich Berti? „Mein richtiger Name ist Hans-Hubert. Aber weil ich schon bei 1,68 m mit dem Wachstum abgeschlossen hatte, bekam ich später diesen Spitznamen verpasst." Er machte als Sechzehnjähriger eine Lehre zum Werkzeugmacher. Heute sitzt Berti auf der Trainerbank.

Voltaire (1694–1778) war ein französischer Philosoph und Schriftsteller. Weil er der meistgelesene Autor der Aufklärung war, wird das 18. Jahrhundert auch „das Jahrhundert Voltaires" genannt. Voltaire war 1,60 m groß und hieß eigentlich Francois-Marie Arouet de Voltaire. Viel zu lang, viel zu lang.

Otto Waalkes ist der erfolgreichste deutsche Alleinunterhalter aller Zeiten. Seinen notorischen Bewegungsdrang, der im sogenannten Otto-Gang gipfelt, hat der Schelm aus Emden nur entwickelt, um eine exakte Messung seiner Körpergröße zu verhindern. Schätzungen schwanken zwischen 1,69 m und 1,70 m über Normalnull.

W

Richard Wagner (1813–1883) war schon früh überzeugt, ein Genie zu sein: „In fünfzig Jahren werde ich der Beherrscher der musikalischen Welt sein", prophezeite er als 20-Jähriger. Der 1,66 m große Komponist, der in Leipzig geboren wurde, trug ein lila Samtbarett, um größer zu wirken. Sachen gibt's.

Mark Wahlberg ist ein amerikanischer Schauspieler und Sänger. War Mitglied der Popgruppe „New Kids on the Block". Der Song „If you go away" steht auf Platz eins der erfolgreichsten *BRAVO*-Hits aller Zeiten. Mark Wahlberg ist 1,73 m groß. Nickname: „Marky Mark". Gut, dieser Punkt ist erledigt.

Andy Warhol (1928–1987) war ein amerikanischer Fotograf, Grafiker und Maler. Der 1,68 m große Pop-Art-Künstler malte am liebsten Tomatensuppendosen und Autos, besaß aber selbst keinen Führerschein. Berühmt wurde auch sein Spruch: „In Zukunft kann jeder Mensch für 15 Minuten Berühmtheit erlangen." Nicht zu verwechseln mit: Akademisches Viertel.

Andreas Wecker ist ein ehemaliger deutscher Kunstturner, der Olympiasieger am Reck war. Unvergessen sein Spruch nach seinem Gold-Salto von Atlanta: „Gelandet wie im Eimer und einzementiert." Der hochbegabte Kunstturner aus Staßfurt ist 1,64 m groß.

Dr. Dieter Wedel ist ein deutscher Drehbuchautor und Fernsehregisseur. Größter Erfolg war der vierteilige Fernsehfilm „Der große Bellheim" mit Heinz Schubert (1,57 m) in einer Hauptrolle. Motto des 1,72 m großen Filmemachers: „Darf ruhig trivial sein. Hauptsache, eine saftige Geschichte." Wir haben verstanden.

Jens Weißflog ist ein ehemaliger deutscher Skispringer aus dem Erzgebirge. Er holte 1994 in Lillehammer zweimal Gold von der Großschanze und hat als erster die Vier-Schanzen-Tournee viermal gewonnen. Der 1,70 m große Oberwiesenthaler ist der erfolgreichste deutsche Skispringer aller Zeiten. Runter kommen sie alle.

Jack Welch ist ein amerikanischer Manager, der von 1981 bis 2001 Big Boss bei „General Electrics" war. Sein Privatvermögen wird auf 720 Millionen US-Dollar geschätzt. Er ist 1,72 m groß und zum dritten Mal verheiratet. Sein Vater war Zugschaffner. Noch jemand ohne Fahrschein?

Robin Williams ist ein amerikanischer Schauspieler und Komiker. Aus vollem Herzen lachte das Publikum über Filme wie „Der Club der toten Dichter", „Mrs. Doubtfire – Das stachelige Kindermädchen", „Flubber", „Good Morning, Vietnam". Robin Williams ist 1,73 m groß und begeisterter Radfahrer. Er hat schon oft die Tour de France besucht. Kann man machen.

Andreas Wöhler (1,68 m) ist der erfolgreichste Galopp-Trainer in Deutschland, der fast alles gewonnen hat, was es zu gewinnen gab. Über 1600 Sieger verzeichnet sein Rennstall. Wo laufen sie denn?

Elijah Wood ist ein amerikanischer Schauspieler (1,68 m), der durch seine Rolle als der kleine Hobbit Frodo aus den „Herr der Ringe"-Filmen nach dem Kinderbuchklassiker von J.R.R. Tolkien weltberühmt wurde. Hobbits sind bis an die Schmerzgrenze furchtlose und widerstandsfähige Wesen, die nur halb so groß wie Menschen sind. Sie tragen keine Schuhe und rauchen Pfeifenkraut. Bau mal einen!

Ian Woonsman ist ein erfolgreicher Golfspieler aus Wales, der auf dem 18-Loch-Platz schnell auf 180 ist, rumbrüllt und Schläger zertrümmert. Der 1,61 m große Masters-Sieger wird auch „der wilde Zwerg" genannt. Auch Zwerge haben mal klein angefangen.

Dariusz Wosz ist ein ehemaliger deutscher Fußballspieler, der als Spielmacher Kopf und Herz vom VfL Bochum war. „Seitdem ich klein bin, spiele ich gerne Fußball", sagte der 1,68 m große Mittelfeldmotor. Er wetzte pro Spiel 8 bis 10 Kilometer über den grünen Rasen. Woher nimmt er diese Power? „Ich bin ein kleines Kraftwerk." Hoffentlich wird er nie stillgelegt.

Bill Wyman (Jahrgang 1936) ist ein britischer Musiker, der von 1962 bis 1993 bei den „Rolling Stones" den Bass gespielt hat. Forscher haben herausgefunden: Die tiefen Töne lassen ihn größer erscheinen als 1,68 m. Supertrick!

XY

Hernandez Xavi ist ein spanischer Fußball-Nationalspieler in Diensten des FC Barcelona. Er agiert als passsichere Schaltzentrale im Mittelfeld und ist 1,70 m groß. Spielt oft Klein-Klein mit Andrés Iniesta (1,70 m). Ein Riesenfußballer, der die Fans verzückt. Hut ab.

Lauri Ylönen ist der Sänger der erfolgreichen Rockband „The Rasmus" aus Finnland und seit dem Megahit „In the Shadows" ständig auf Tour. Sein Lieblingsbuch ist „Herr der Ringe" von J. R. R. Tolkien, sein Lieblingsessen ist Salzlakritz aus Dänemark. Der 1,69 m große Finne brennt vor Ehrgeiz. Seine Band ist sein Leben. Wir finden Finnen gut.

Angus Young ist der Lead-Gitarrist, Songwriter und Gründer der australischen Hard Rock-Band „AC/DC" und für seine wilden und verrückten Bühnenauftritte berühmt. Er ist 1,57 m groß und kommt gebürtig aus Glasgow in Schottland. Aber das will natürlich nicht viel sagen.

Darryl F. Zanuck (1902–1979) war Drehbuchautor, Regisseur, Produzent und der letzte Groß-Mogul der Flimmerwelt von Hollywood. Der 1,68 m große Zanuck bekam einen Stern auf dem „Hollywood Walk Of Fame". Tusch und Applaus.

Sergio Zarate ist ein ehemaliger argentinischer Fußballspieler, der sie alle schwindelig spielte. Größe: 1,68 m. Spitzname: „Zaubermaus". Aber das versteht sich von selbst.

Sepp Zellweger zählt zu den besten Geräteturnern der Schweiz und war mehrfacher Mehrkampfmeister. Er gilt als Energiebündel und ist 1,58 m groß. Hopp Schwiiz!

Nick Zinner ist ein US-amerikanischer Musiker und Gitarrist der topaktuellen New Yorker Rockband "Yeah Yeah Yeahs". Er ist 1,70 m groß. Nein, so was!

Gianfranco Zola ist ein 1,64 m großer italienischer Fußballspieler, der immer für ein Tor gut ist. Sein Markenzeichen ist sein Torjubel, die sog. „Zola-Fliege". Funktioniert so: Die Ärmchen ausstrecken und den Oberkörper dazu hin und her wippen wie ein Flugzeug mit Propeller. Es ist ein Symbol für Freude. Aber das ist noch lange nicht alles.

cm	Namen
173	
172	
171	
170	
169	
168	
167	
166	
165	
164	
163	
162	
161	
160	
159	
158	
157	
156	
155	
154	
153	Lars Rønningen
152	Danny de Vito, Deng Xiaoping, J. Dallessandro, Immanuel Kant, Franz Schubert, Toulose-Lautrec, Benito Mussolini, Markus Scherer, Naim Süleymanoglu, Meyer Lansky, David Faustino
151	Johnny Hyde
150	Horatio Nelson, Alexander d. Gr., Attila der Hunnenkönig, Lichtenberg, Carlos Menem, Udo Proksch
149	Engelbert Dollfuß
148	
147	

173
172
171
170
169
168
167
166
165
164
163
162
161
160
159
158
157
156
155
154
153
152
151
150
149
148
147

z von Assisi
Moser
Keats
f Schmidt

Cyrano de Bergerac
Viktor Emmanuel III.
Joaquin Guzmán
David Bennent
Joaquín Cortés
Dudley Moore
Erroll Garner
A. Scheerbaum
Charlie Rivel

Heinrich Schliemann
Volker „Zack" Michalowski
Eberhard Cohrs
Mozart

Honoré de Balzac
Jean-Paul Sartre
Heinz Schubert
Markus Scherer
Kaiser Bokassa
Angus Young
Yuri Gagarin
Bucky Fuller
Javier Clemente
Lech Kaczynski
Jaroslaw Kaczynski
Wallace Shawn

Maurice Ravel
Prince
Mickey Rooney
Heinrich Lummer
Charles Manson
Csaba Vadász
Sepp Zellweger

SPEZIAL: KLEINE MÄNNER AUF EINEN BLICK SPEZI

173 · 172 · 171 · 170 · 169 · 168 · 167 · 166 · 165 · 164 · 163 · 162 · 161 · 160 · 159 · 158 · 157 · 156 · 155 · 154 · 153 · 152 · 151 · 150 · 149 · 148 · 147

159

Bernhard Hoëcker
Mahatma Ghandi
Nicolai Mylanek
Jean Todt

160

B. Ecclestone
Charlie Chaplin
Charles Aznavour
Louis de Funès
Erzbischof Tutu
Ariel Sharon
Marquis de Sade
James Brown
Kim Jong Il.
Chruschtschow
Tazio Nuvolari
Salvatore Riina
Alain Prost
Paul Simon
Truman Capote
Muggsy Bogues
Voltaire
Audie Murphy
Heinrich Heine
Hennes Bender
Hugo Banzer
Dschingis Khan
König Hussein
Naseem Hamed
Dettmar Cramer
Glenn Danzig
Bradley Manning
Jamie Cullum

161

Michael A. Roth
Tico Torres
Paganini
Mel Brooks
Ian Woonsman
Leo Sayer

162

Gustav Mahler
Beethoven
Pablo Picasso
Roman Polanski
Haile Selassie
Sawao Kato
D. Medwedew
Michael J. Fox
Johannes Gross
D. G. Bradman
King Charles I.
Hiroyasu Shimizu
James Madison
Cristiano da Matta
Dirk Raudis
Nik Kershaw
Fats Domino

163

Martin Scorsese
Alan Ladd
Van Morrison
Sammy Davis Jr
Jassir Arafat
Martin Luther
Stefan Lindeman
Ross Perot
Sandro Pertini
Carlo Ponti
Gregor Gysi
Fabian Hambüch
Ernst Cincera
Claude Frey
Rob Schneider

Berlusconi
face Nelson
selassie
eas Wecker
ranco Zola
ele D'Annunzio
Hucknall
Klein
hn Harvey
gg

Nicolas Sarkozy
Heinz Rühmann
Woody Allen
Buster Keaton
H. Feuerstein
Van Morrison
Emil Steinberger
Peter Lorre
Bernhard Paul
Edward G. Robinson
Harry Houdini
Josef Stalin
Ceausescu
General Franco
Joe Pesci
Al Pacino
José Feliciano
Marc Bolan
Elton John
Richard Dreyfuss
Jason Alexander
Francesco Scavullo
Chris de Burgh
Pablo Escobar
Daniel Küblböck
Daniel Radcliffe
Kaiser Hirohito
Onassis
Johannes Gross
Joel Grey
Isaac Stern
Emil Beck
Roger Daltrey
Jackie Mason
Peter Sallis
Neil Sedaka

Dalai Lama
Karl May
Dustin Hoffman
Bob Hoskins
Humphrey Bogart
Horatio Nelson
Lawrence von Arabien
Johann Sebastian Bach
Phil Spector
Richard Wagner
Gregor Gysi
Clyde Barrow
Carl F. W. Borgward
Willie Landgraf
Thomas Häßler
Urs Kälin
Esa-Pekka Salonen
Kim Bauermeister
Lars Ulrich

Napoleon
Phil Collins
Bob Dylan
Frank Sinatra
Hugh Hefner
Tutanchamun
Norbert Blüm
Ringo Starr
Louis Armstrong
Boris Aljinovic
Ralph Lauren
David Holston
Kurt Tucholsky
Bertolt Brecht
Sepp Herberger
John Merrick
Roberto Carlos
Peter Falk
Axel Prahl
William Faulkner
Friedrich Nowottny
Mahmud Ahmadinedschad
Boris Aljinovic
Raymond Fein
Bruno Ganz
Willie Nelson
Harry Shearer

Phil Collins
Tom Cruise
Jürgen Vogel
Uwe Seeler
Kirk Douglas
Diego Maradona
Dirk Bach
D. Barenboim
Roberto Benigni
Michael Jackson
Marc Almond
Peter Maffay
Paul Anka
Egon Müller
Andreas Wöhler
Klaus Meine
François Truffaut
Dr. Gottfr.Benn
Wigald Boning
Erich Honecker
Wolf Biermann
Pierre Littbarski
Ralf Schmitz
Peter Sodann
Erich Mielke
Quincy Jones
Jackie Chan
Lowell George
Elijah Wood
M.Semmelrogge
G. G. Anderson
Erich Kästner
Kevin Keegan
Berti Vogts
Dariusz Wosz
Gilbert Gress
Jan Hempel
Jean Paul Getty
Gail Garcia Bernal
Darryl F. Zanuck
Sergio Zarate
Juri Luschkow
Elijah Wood
Richard Attenborough
Jack Black
Cole Porter
Bill Wyman
Claude Rains

173
172
171
170
169
168
167
166
165
164
163
162
161
160
159
158
157
156
155
154
153
152
151
150
149
148
147

173 · 172 · 171 · 170 · 169 · 168 · 167 · 166 · 165 · 164 · 163 · 162 · 161 · 160 · 159 · 158 · 157 · 156 · 155 · 154 · 153 · 152 · 151 · 150 · 149 · 148 · 147

169

Goethe
Romário
Otto Waalkes
Lionel Messi
Herbert von Karajan
James Cagney
John Belushi
Ben Stiller
Pjotr Trochowski
Friedrich Novottny
Lauri Ylönen
Wesley Sneijder
Edson Mitchell
Ruben Sosa
Alfred Biolek
Nicolas G. Hayek
Steffen Fetzner
Claus Theo Gärtner
Klaus Löwitsch
Bixente Lizarazu
Manni Schwabl
Edgar Davids
Miles Davis
Sonny Bono
Horst Heldt
David Cassidy
Jason Priestley
Peter Scolari

170

Alfred Hitchcock
George Lucas
Sylvester Stallone
W. Somerset Maugham
Vincent van Gogh
Günter Grass
Freddy Quinn
Andrés Iniesta
Hernandez Xavi
Franck Ribéry
Lenny Kravitz
Kurt Cobain
Eric Burdon
Bo Diddly
Dali
Putin
Chopin
Bruce Lee
Jeff Bezos
Rudi Dutschke
Ernst Lubitsch
Winston Churchill
Manfred Klein
Marko Marin
Philipp Lahm
Steven Spielberg
Paulchen Kuhn
D. Strauss-Kahn
Harald "Lumpi" Spörl
Kurt Biedenkopf
Ulf Kirsten
Robert Downey Jr.
Ingo Oschmann
Anthony Hopkins
John Hillerman
Marco Pantani
Lloyd Blankfein
Jens Weißflog
Helmut Schmidt
Horst Schroth
Hartmut Mehdorn
François Hollande
Ken Follett
James Blunt
William Dafoe
Mark Hamill
Steven Van Zandt
Eli Wallach
Nick Zinner

171

Albert Einstein
Shakespeare
Steven Spielberg
Sepp Blatter
Marlon Brando
Groucho Marx
Jerry Lewis
J. Edgar Hoover
Harvey Keitel
Tony Bennett
Bryan Adams
Macauly Culkin
Oliver Neuville
Ratinho
Chris Rea
Ridley Scott
Steve Zahn

172

Robert Redford
Ben Kingsley
Jack Welch
Michael Chang
James Dean
Jörg Immendorf
Karl Lagerfeld
Adolf Hitler
Wolf v. Lojewski
Jürgen v. d. Lippe
Dr. D. Wedel
Wolfgang Schüssel
Henry Kissinger
Gerhard Schröder
Daniel Küblböck
Thomas Koschwitz
Billy Cobham
Mel Gibson,
Carlos Slim Helú
Rubens Barichello
Georg Hackl
Eminem
Klaus Kinski
Michael Owen
Sean Penn

173

Jean-Claude van Damme
Mick Jagger
Stan Laurel
Peter Sellers
Marty Feldman
Alain Delon
Elia Kazan
James Dean
Jack Benny
Ben Kingsley
Mark Wahlberg
Joaquin Phoen.
Benno Führma
Moritz Bleibtre
Oliver Pocher
Lester Piggott
Kimi Räikköner
Norbert Meier
Loriot
Klaus Maria Brandauer
Charles Bronsc
Yul Brynner
Noel Gallagher
Paul Hogan
Anthony Hopkir
Robert Palmer
Joe Strummer
Martin Shaw

Literaturverzeichnis

Amis, Kingsley: Anständig trinken. Berlin: Rogner & Bernhard 2008

Arjouni, Jakob: Magic Hoffmann. Zürich: Diogenes 1996

Arjouni, Jakob: Mehr Bier. Zürich: Diogenes 1987

Arjouni, Jakob: Ein Mann, ein Mord. Zürich: Diogenes 1991

Barrett Jr., Neil: Pink Vodka Blues. Zürich: Haffmanns 1994

Bernstein, F.W.: Die Gedichte. München: Verlag Antje Kunstmann 2003

Berger, Thomas: Little Big Man. Köln: Kiepenheuer & Witsch 1980

Boyle, T. C.: Willkommen in Wellville. München: Deutscher Taschenbuch Verlag 1996

Bukowski, Charles: Den Göttern kommt das große Kotzen. Köln: Kiepenheuer & Witsch 2006

Bukowski, Charles: Poeten unter sich. In: Jeder zahlt drauf. München: Deutscher Taschenbuch Verlag 1995

Bukowski, Charles: Schreie vom Balkon. Hamburg: Gingko Press 2005

Chandler, Raymond: Der große Schlaf. Zürich: Diogenes 1974

Chandler, Raymond: Das hohe Fenster. Zürich: Diogenes 1975

Chandler, Raymond: Der lange Abschied. Zürich: Diogenes 1975

Chandler, Raymond: Lebwohl, mein Liebling. Zürich: Diogenes 1976.

Cheever, John: Der Schwimmer. Köln: DuMont Buchverlag 2009

Cooder, Ry: In den Straßen von Los Angeles. Berlin: Edition Tiamat 2012

Depp, Daniel: Stadt der Verlierer. München: Goldmann 2011

Dodge, David: Über den Dächern von Nizza. Zürich: Diogenes 1990

Duve, Karen: Taxi. Frankfurt a. M.: Eichborn 2008

Fleming, Ian: Goldfinger. München: Scherz 1966

Friedman, Kinky: Zehn kleine New Yorker. Berlin: Edition Tiamat 2010

Glauser, Friedrich: Studer ermittelt. Frankfurt a. M.: Zweitausendeins 2009

Haefs, Hanswilhelm: Handbuch des nutzlosen Wissens. München: Deutscher Taschenbuch Verlag 1989

Heidenreich, Elke/Schroeder, Bernd: Alte Liebe. Frankfurt a. M.: Fischer Taschenbuch Verlag 2011

Heller, Joseph: Was geschah mit Slocum? Frankfurt a. M.: S. Fischer 1977

Heller, Joseph: Gut wie Gold. Frankfurt a. M.: S. Fischer Verlag 1995

Houellebecq, Michel: Karte und Gebiet. Köln: DuMont Buchverlag 2010

Kavanagh, Dan: Duffy. Zürich: Haffmanns 1988

Kempowski, Walter: Alkor. München: Knaus Verlag 2001

Kempowski, Walter: Sirius. München: Knaus Verlag 1990

Kniewell, Peter: Das kleine Buch der großen Stars. Gütersloh: C. Bertelsmann Verlag 1960

Landvik, Lorna: ‚Patty Janes' Frisörsalon. München: Maikl Verlag 1997

Larsson, Björn: Long John Silver. München: Goldmann 1998

Latimer, Jonathan: Die falsche Nonne. Zürich: Diogenes 1993

Le Carré, John: Der Nachtmanager. Köln: Kiepenheuer & Witsch 1993

Lindgren, Astrid: Pippi in Taka-Tuka-Land. Hamburg: Oetinger 2008

Lyall, Gavin: Venus mit Pistole. Berlin: Ullstein 1990

Maugham, William Somerset: Notizbuch eines Schriftstellers. Zürich: Diogenes 2004

Marx, Groucho: Ein ramponierter Frauenheld. Frankfurt a. M.: S. Fischer Verlag 1988

McKinty, Adrian: Der sichere Tod. Berlin: Suhrkamp 2010

Melville, Herman: Moby Dick. Zürich: Manesse Verlag 2006

Michaels, Leonard: Der Männerclub. Reinbek bei Hamburg: Rowohlt 1984

Munro, James: Als nächster bist du dran. Frankfurt a. M.; Berlin; Wien: Ullstein 1986

Parker, Robert B.: Licht auf Dunkelmänner. Frankfurt a. M.; Berlin; Wien: Ullstein 1983

Parker, Robert B.: Spenser und das gestohlene Manuskript. Frankfurt a. M.; Berlin; Wien: Ullstein 1984

Parker, Robert B.: Spenser und der Kandidat. Frankfurt a. M.; Berlin; Wien: Ullstein 1984

Pessoa, Fernando: Das Buch der Unruhe. Zürich: Ammann Verlag 2003

Pfeil, Eric: Komm, wir werfen ein Schlagzeug in den Schnee. Köln: Kiepenheuer & Witsch 2010

Raddatz, Fritz J.: Tagebücher 1982–2001. Reinbek bei Hamburg: Rowohlt 2010

Regener, Sven: Neue Vahr Süd. Frankfurt a. M.: Eichborn 2004

Roth, Philip: Sabbaths Theater. München: Carl Hanser Verlag 1996

Sallis, James: Driver. München: Heyne Verlag 2007

Satterthwait, Walter: Oscar Wilde im Wilden Westen. Zürich: Haffmanns 1996

Schamoni, Rocko: Dorfpunks. Reinbek bei Hamburg: Rowohlt 2004

Scheugel, Hans: Showfreaks & Monster. Köln: Verlag M. DuMont Schauberg 1974

Schulz, Frank: Morbus Fonticuli oder Die Sehnsucht des Laien. Zürich: Haffmanns 2001

Schwanitz, Dietrich: Der Campus. Frankfurt a. M.: Eichborn 1995

Stengel, Richard: Handbuch für Schmeichler & Arschkriecher. München: Piper Verlag 2004

Strunk, Heinz: Fleisch ist mein Gemüse. Reinbek bei Hamburg: Rowohlt 2004

Thomas, Ross: Der achte Zwerg. Berlin: Alexander Verlag 2011

Thomas, Ross: Am Rand der Welt. Berlin: Alexander Verlag 2008

Thomas, Ross: Gelbe Schatten. Berlin: Alexander Verlag 2012

Thomas, Ross: Gottes vergessene Stadt. Berlin: Alexander Verlag 2006

Thomas, Ross: Kopfpreis eine Million. Frankfurt a. M.; Berlin; Wien: Ullstein 1985

Thomas, Ross: Nur laß dich nicht erwischen. Frankfurt /M.; Berlin; Wien: Ullstein 1974

Thomas, Ross: Schreie im Regen. Frankfurt a. M.; Berlin; Wien: Ullstein 1992

Thomas, Ross: Schutzwall. Reinbek bei Hamburg: Rowohlt 1998

Thomas, Ross: Umweg zur Hölle. Berlin: Alexander Verlag 2008

Thomas, Ross: Vierzig Riesen für den Zwerg. Frankfurt a. M.; Berlin; Wien: Ullstein 1986

Thomas, Ross: Der Yellow-Dog-Kontrakt. Berlin: Alexander Verlag 2010

Thompson, Jim: Ein Satansweib. Zürich: Diogenes 1996

Townsend, Sue: Die Queen und ich. München: Wilhelm Goldmann Verlag 1992

Van de Wetering, Janwillem: Eine Tote gibt Auskunft. Reinbek bei Hamburg: Rowohlt 1978

Walser, Robert: Lektüre für Minuten. Frankfurt a. M.: S. Fischer Verlag 1978

Waugh, Evelyn: Der Knüller. 4. Auflage. Zürich: Diogenes 2003

Winslow, Don: Frankie Machine. Frankfurt a. M.: Suhrkamp 2009

Weissner, Carl: Manhattan Muffdriver. Wien: Milena Verlag 2010

Wodehouse, Pelham G.: Die Hundeakademie und andere Stories. München: Deutscher Taschenbuch Verlag 1981

Wodehouse, Pelham G.: Das Mädchen in Blau. München: Goldmann 1977

Wodehouse, Pelham G.: Sommerliches Schloßgewitter. Hildesheim: Gerstenberg 1988

Zylka, Jenni: 1000 neue Dinge, die man bei Schwerelosigkeit tun kann. Reinbek bei Hamburg: Rowohlt 2003

ISBN 978-3-8303-3314-2

Titelbild: Ernst Kahl

Lektorat: Hans Borghorst

Postfach 3407, D-26024 Oldenburg

www.lappan.de

Der Lappan Verlag ist ein Unternehmen
der Verlagsgruppe Ueberreuter.

Das säurefreie und alterungsbeständige
Papier EOS liefert Salzer, St. Pölten, Österreich,
(hergestellt aus chlorfrei gebleichtem Zellstoff
aus nachhaltiger Forstwirtschaft).